DON BOSCO
VERLAG

Rosemarie Portmann
Elisabeth Schneider

Spiele zur Entspannung und Konzentration

Don Bosco Verlag

Die Deutsche Bibliothek – CIP-Einheitsaufnahme

Portmann, Rosemarie:
Spiele zur Entspannung und Konzentration / Rosemarie Portmann ;
Elisabeth Schneider.
– 8. Aufl. – München : Don-Bosco-Verl., 1994
ISBN 3-7698-0560-7
NE: Schneider, Elisabeth:

8. Auflage 1994 / ISBN 3-7698-0560-7

Gesamtherstellung: Salesianer Druck, Ensdorf

Inhalt

Einführung

Hektik und Angespanntheit, die Unfähigkeit, sich zu sammeln und zur Ruhe zu kommen, sind Begleiterscheinungen unserer Zeit. Verbale und Bewegungs-Unruhe, Abgelenktsein und mangelnde Konzentration gehören zu den häufigsten Schwierigkeiten unserer Kinder in der Schule, zu Hause und in der Freizeit. Eine ausgewogene Balance zwischen Anspannung und Entspannung zu finden, fällt aber auch Heranwachsenden und Erwachsenen, gleich welchen Alters, schwer. Die Fähigkeit zur Besinnung und Muße ist in einer Zeit, in der Dynamik und Aktivität die Erfolgsgaranten sind, selten geworden.
Still-Werden, Lösen der Spannungen, Ruhe und Erholung sind aber unabdingbar, um geistig und körperlich gesund zu bleiben, die eigenen Kräfte aufzuspüren und zu entfalten und so, gleichsam von innen erstarkt, fähig zu werden, Aufmerksamkeit bewußt zu steuern, Wesentliches wahrzunehmen und zu tun. Konzentration bedarf geistiger Sammlung und innerer Ruhe.
Die in diesem Buch gesammelten Übungen und Spiele können wirkungsvolle Hilfen sein, Entspannung und Stille wiederherzustellen, neue Aufnahmebereitschaft zu schaffen, Aufmerksamkeit und Konzentration mit allen Sinnen und dem ganzen Körper zu üben. Sie stärken die Wahrnehmung der eigenen Fähigkeiten und das Vertrauen in andere. Außerdem fördern sie Phantasie und Kreativität. Durch das gemeinsame Erleben und die gemeinsame Freude am Spiel werden Harmonie und soziales Klima jeder Gruppe, ob Kinder, Jugendliche, junge oder schon ältere Erwachsene, verbessert.
Schwere Konzentrationsstörungen und Unruhezustände können mit solchen Übungen und Spielen natürlich nicht behoben werden; sie erfordern fachliche Beratung und Behandlung.

Zur Auswahl der Spiele

Natürlich gibt es noch weit mehr Übungen und Spiele zur Entspannung und Konzentration als die, die hier zusammengetragen wurden. Die Aufnahme in die vorliegende Sammlung wurde nach folgenden Gesichtspunkten getroffen:

- Alle Übungen und Spiele lassen sich in Gruppen mit „Normalstärke", also mit 20 bis 25 Personen durchführen, so daß alle beschäftigt sind und sich niemand langweilt. Sollte die eine oder andere Übung doch einmal mit weniger Spielern besser gelingen oder sich eine Aufteilung in Untergruppen empfehlen, ist das ausdrücklich vermerkt.
- Jeder, egal ob jung oder alt, kann mitspielen. Alle Übungen und Spiele wurden mit Kindern ab sechs bis sieben Jahren, Jugendlichen und Erwachsenen ausprobiert. Manchmal muß das „Grund"-Spiel dem Alter der Gruppenmitglieder entsprechend variiert werden. In solchen Fällen enthält die Spielbeschreibung einen Hinweis darauf, welche „Spielart" welcher Altersgruppe am meisten Gewinn bringt und am meisten Freude bereitet.
- Die Spiele können sowohl in Lern- als auch in Freizeitgruppen durchgeführt werden. Sie eignen sich – wenn nichts anderes vermerkt ist – sowohl zur kürzeren oder längeren Unterbrechung und Auflösung unruhiger oder angespannter Gruppensituationen als auch zur eigenständigen Gestaltung besonderer Spielstunden.
- Zur Durchführung aller Übungen und Spiele braucht man keine oder nur wenig Vorbereitung, kein besonderes Material und keinen speziellen Raum. In der Regel genügt es, die Tische beiseitezurücken und einen Sitzkreis herzustellen – aber selbst das ist nicht in jedem Fall erforderlich. Eine ganze Reihe der Übungen kann man bei schönem Wetter auch im Freien durchführen. Das manchmal benötigte Material ist in jedem Gruppenraum vorhanden oder leicht zu besorgen: Papier, Bleistift, eine Schere, Kreide, ein Tuch zum Verbinden der Augen, das zusammengeknotet auch einen Ball ersetzen kann, alltägliche Gebrauchsgegenstände wie z. B. ein Löffel, Radiergum-

mis, Geldstücke usw. Sollte ein Gegenstand nicht vorhanden sein, kann er leicht durch einen anderen ersetzt werden. *Eine* Vorbereitung allerdings ist unabdingbar: Der Spielleiter – oder ein beliebiges Gruppenmitglied – sollte das Spiel schon einmal selbst gespielt haben, ehe er es in eine neue Gruppe einführt. Kein Spiel wird Ruhe, Entspannung und Konzentration fördern, wenn der Spielleiter hektisch bemüht ist, sich an den Spielablauf zu erinnern.

● Über die für die einzelnen Spiele benötigte Zeit läßt sich wenig Genaues aussagen. Oft ist die Spieldauer davon abhängig, ob die Gruppe das Spiel bereits kennt oder es erst lernen muß. Die Spielzeit ist auch abhängig von Alter und Anzahl der Mitspieler, von der jeweils verwendeten Spielvariation und natürlich auch von der Zahl der Spielrunden. Viele Spiele haben kein „natürliches" Ende, sie lassen sich so lange wiederholen, wie alle Spieler Lust haben. Es gibt Übungen, die ganz schnell zwischen die „normale" Gruppenaktivität zur Beruhigung, Entspannung und Wiederherstellung der Arbeitsfähigkeit eingeschoben werden können. Andere dagegen brauchen wesentlich mehr Zeit und Muße. Jeder Spielleiter muß – ausgehend von den eigenen Erfahrungen mit dem Spiel – mit jeder neuen Gruppe die günstigste Spiellänge selbst herausfinden.

● Keines der Spiele hat starre, unabänderliche Regeln. Der Phantasie und Kreativität der Gruppe sind keine Grenzen gesetzt. Je nach Alter, Anzahl und Bedürfnissen der Gruppenmitglieder und den räumlichen und zeitlichen Gegebenheiten kann eine Spiel oder eine Übung leichter oder schwerer gemacht oder sonstwie verändert werden. Bei den meisten Spielen sind gleich einige Variationen mitgeliefert; das bedeutet aber nicht, daß es außer diesen keine weiteren mehr gibt. Wichtig ist nur, daß vor jeder neuen Spielrunde gemeinsam und eindeutig festgelegt wird, welche Regel diesmal gelten soll – sonst werden sich garantiert keine Beruhigung und Aufmerksamkeit einstellen.

● Alle Spiele sind so angelegt, daß sie keine Sieger oder Verlierer haben müssen. Sie sollen ja gerade allen Gruppenmitgliedern gemeinsam Entspannung und Konzentration, Freude und Genuß bringen. Bei manchen Übungen müssen einzelne Spieler eventuell für eine oder mehrere Runden aussetzen. Oft haben sie dann aber auch als „Inaktive" noch eine besondere Funktion für den Spielverlauf. Wo das der Fall ist, ist das der jeweiligen Spielbeschreibung zu entnehmen. Spiele, bei denen sich auch eine Wettbewerbssituation anbietet, enthalten einen entsprechenden Hinweis.

● Bei allen Übungen und Spielen wurde darauf geachtet, daß sie leicht zu erlernen und durchzuführen sind und beim Spielleiter keinerlei „therapeutische" Fähigkeiten voraussetzen. Auch die einfachen Stille- und Meditationsübungen kann jeder Spielleiter mit jeder Gruppe durchführen, vorausgesetzt, alle kennen sich schon ziemlich gut und spielen gerne miteinander. Trotzdem kann es immer wieder vorkommen, daß einzelne Mitspieler bei einer bestimmten Übung nicht mitmachen möchten. Solche Wünsche sind auf jeden Fall zu respektieren. Niemand, auch jüngere Kinder nicht, darf dazu gedrängt werden, sich auf die Beschäftigung mit sich selbst einzulassen, wenn er das nicht möchte. Solche Gruppenmitglieder werden dann nur gebeten, sich ruhig zu verhalten, so daß sie die anderen nicht stören. Nach allen Stille-, Meditations- und Wahrnehmungsübungen sollte den Gruppenmitgliedern Zeit und Gelegenheit gegeben werden, über die Erfahrungen, die sie dabei gemacht haben, mit einigen besonders vertrauten Mitspielern oder der ganzen Gruppe zu sprechen. Zu einigen Spielen gibt es eine Begleitung durch Melodien. Besondere Musikalität ist dabei nicht erforderlich. Die Melodien sind ganz leicht vom Blatt zu singen oder zu spielen und einigen Gruppenmitgliedern bestimmt bereits bekannt.

● Natürlich haben – entsprechend dem Titel der Sammlung – alle hier vorgestellten Spiele und Übungen einen gemeinsamen Zweck: Sie sollen der (Wieder-)Herstellung und Förderung von Entspannung und Konzentration dienen. Das wird aber nicht gelingen, wenn eine Gruppe auf Anweisung eines aufgeregten Gruppenleiters angestrengt darum bemüht ist: Ruhe und Aufmerksamkeit lassen sich nicht erzwingen. Die hier vorgeschlagenen Übungen und Spiele werden ihren Zweck dann erfüllen, wenn der Spielleiter ausgeglichen und ruhig ist und die Gruppenmitglieder selbst sich und die Situation als unruhig und unbefriedigend erleben und ein Bedürfnis nach mehr Ruhe und Sammlung entwickeln. Kommen dann noch Freude am gemeinsamen Tun, Vertrauen in die eigenen Fähigkeiten und Spaß am vorgeschlagenen Spiel dazu, kann eigentlich nichts mehr schiefgehen. Im übrigen zeigen nicht nur Stille und Ruhe in einer Gruppe an, daß das Spiel seinen Zweck, Entspannung und Konzentration herzustellen, erreicht hat: auch gemeinsames Lachen, Fröhlichsein und Sich-wohl-Fühlen sind dafür deutliche Anzeichen.

Zum Aufbau der Sammlung

Der besseren Übersicht wegen sind die Übungen und Spiele – entsprechend ihren Inhalten, Zielen und Einsatzmöglichkeiten – schwerpunktmäßig in vier Gruppen gegliedert. Eine eindeutige Zuordnung ist dabei nicht möglich: Viele Spiele und besonders ihre zahlreichen Variationen gehören eigentlich gleichzeitig zu mehr als einer Gruppe. Die hier getroffene Zuordnung ist also subjektiv. Sie beruht auf den Erfahrungen, die mit dem Einsatz der Spiele in Freizeit- und Schulgruppen von Kindern und Jugendlichen und in der Erwachsenenfortbildung bisher gemacht worden sind.

Spiele zum Abbau von Unruhe und Erregung

Viele Menschen – junge und alte – befinden sich heute in einem ständigen Erregungs- und Spannungszustand. Sie halten es nicht aus, still zu sitzen, nicht zu reden, nichts zu tun. Je mehr Ruhe von ihnen verlangt wird, je mehr sie sich zur Ruhe zwingen, desto unruhiger werden sie. Angestrengtes Tätigsein und die Anwesenheit anderer vergrößert ihre Erregung noch. Solchen Menschen muß in einer Gruppe zunächst einmal die Möglichkeit gegeben werden, ihre Unruhe und Erregung auszuagieren, ohne vollständig die Kontrolle darüber zu verlieren. Gleichzeitig müssen aber auch gehemmte Gruppenmitglieder einen Anreiz zu Artikulation und Bewegung und eine Anleitung zu ihrer Ausführung erhalten.

Spiele zum Stillwerden und Wahrnehmen/ Kim-Spiele

Innere Ruhe ist mehr, als still zu sein und den Mund zu halten. Sie bedeutet Hinwendung zur eigenen Mitte, Lauschen auf sich selbst und Sammeln der inneren Kräfte, um daraus Vertrauen in sich und andere zu gewinnen. Voraussetzung dazu ist das Erleben des eigenen Körpers und das Zulassen der eigenen Empfindungen und Gefühle, die Schärfung aller Sinne und das bewußte Wahrnehmen der eigenen Person und der Umwelt.
Eine Untergruppe solcher Wahrnehmungsübungen sind die sogenannten Kim-Spiele, die ihren Namen der Titelfigur eines Romans von Rudyard Kipling verdanken. Der Waisenjunge Kim lernt – mit Hilfe von Juwelen –, Beobachtungsgabe und Merkfähigkeit intensiv zu steigern. Kim-Spiele werden heute kaum mehr mit Juwelen, dafür aber in vielen anderen Variationen gespielt. Sie fordern und üben konzentriertes Wahrnehmen und Unterscheiden. Es gibt Kim-Spiele für alle Sinne, nicht nur zum Sehen, sondern auch zum Hören, Tasten, Riechen und Schmecken

und natürlich auch zur Konzentration auf vorhandenes Wissen.

Spiele zum Aufpassen und Nachdenken

Für viele Spiele braucht man Glück und Phantasie. Die Übungen und Spiele, die hier zusammengestellt sind, können dagegen ohne bewußte Aufmerksamkeit und willentliche Konzentration nicht gelingen: die Aufgaben lassen sich nur durch genaues Beobachten und gezieltes Nachdenken und Schlußfolgern lösen. Zu ihrer Bewältigung muß hauptsächlich der Geist angespannt werden. Gerade Spiele mit Sprache fallen oft in diese Kategorie von Konzentrationsspielen. Wer sie sucht, wird hier allerdings zu kurz kommen. Konzentrationsspiele mit Sprache enthält die in gleicher Ausstattung bereits erschienene Sammlung ,,Spiele mit Buchstaben, Wörtern, Texten''.

Spiele zur Konzentration mit dem ganzen Körper

Konzentration ist aber nicht nur eine Sache des Geistes. Es gibt auch Übungen und Spiele, die den ganzen Körper mit einbeziehen. Für sie muß man nicht nur den Kopf anspannen, sondern auch in der Lage sein, sich auf seinen Körper, auf Mimik, Gestik und Bewegungsabläufe zu konzentrieren, mit oder ohne Unterstützung durch Musik und Texte. Bewegungs- und Ausdrucksspiele verbinden in idealer Weise den Abbau von Unruhe mit dem Aufbau von Konzentration, fördern das Sich-wohl-Fühlen in der Gruppe und machen außerdem noch großen Spaß.

Spiele zum Abbau von Unruhe und Erregung

Arbeitnehmer

Die Spieler stehen oder sitzen im Kreis, sie können aber auch ihre bisherige Sitzordnung, z. B. an Tischen in einem Gruppenraum oder einer Schulklasse, beibehalten. Einer wird zum Spielleiter und nennt Tätigkeiten, die dann alle anderen pantomimisch ausführen müssen.
Der Spielleiter beginnt z. B. mit „hüpfen“ – alle hüpfen.
Danach sagt er „husten“ – alle husten.
Es folgt „holzhacken“ – alle machen eine entsprechende Bewegung usw. Wichtig ist, mit Tätigkeiten zu beginnen, die viel Bewegung erfordern und möglichst den ganzen Körper beanspruchen. Nach und nach sollten die geforderten Tätigkeiten dann immer ruhiger werden und etwa wie folgt enden: „Arme ausschütteln“, „Beine ausschütteln“, „hinsetzen“, „gähnen“, „den Kopf auf die Arme stützen“ oder „den Kopf auf den Tisch legen“, „Augen schließen“, „ruhig und gleichmäßig atmen“, „schlafen“ ...
Etwa nach einer Minute sagt der Spielleiter dann „aufwachen“, „ruhig sitzen bleiben“ – und alle wachen auf und bleiben ruhig sitzen. Das Spiel ist beendet.
Es eignet sich besonders gut zum Abbau von Bewegungsunruhe in Kinder- und Jugendgruppen, hilft aber auch Erwachsenen, Nervosität und Unruhe zu dämpfen.

Armer schwarzer Kater

Alle Spieler sitzen im Kreis. Einer ist der schwarze Kater und kriecht auf allen vieren in der Kreismitte herum.

Schließlich bleibt er vor einem beliebigen Mitspieler auf den Knien hocken und versucht, durch katzenhafte Grimassen und Bewegungen, einschmeichelndes Schnurren und jämmerliches Miauen dessen Aufmerksamkeit zu erregen. Der Spieler, vor dem der Kater kniet, muß ihn nun streicheln und dreimal nacheinander mitleidsvoll „armer schwarzer Kater" zu ihm sagen. Er darf aber nichts anderes mit ihm sprechen, weder lachen noch sich in irgendeiner Weise aus der Ruhe bringen lassen. Verliert er doch die Beherrschung, muß er den „armen schwarzen Kater" in der Kreismitte ablösen.
Gelingt es dem Kater nicht, den Mitspieler aus der Ruhe zu bringen, muß er sich ein neues Opfer suchen.
Nach einer vor Spielbeginn gemeinsam festgelegten Anzahl vergeblicher Versuche, z. B. drei oder vier, wird entweder ein neuer Kater bestimmt oder das Spiel beendet, da es dann seinen Zweck ganz offensichtlich erfüllt hat: Ruhe und Selbstkontrolle herzustellen.

Blinzeln

Für dieses Spiel braucht man eine ungerade Anzahl von Mitspielern, die sich paarweise hintereinander in einem Kreis aufstellen. Der Spieler, der übrigbleibt, versucht nun, durch Anblinzeln den „Vordermann" eines der Pärchen zu sich heranzulocken. Dessen Partner muß versuchen, ihn festzuhalten. Entwischt er ihm aber doch, wird der übriggebliebene „Hintermann" neuer Blinzler. Ein angeblinzelter Spieler, dem das Davonlaufen gelungen ist, stellt sich jeweils hinter seinen neuen Partner, so daß im Laufe des Spiels jeder die Chance erhält, angeblinzelt zu werden oder festhalten zu müssen.
Beim „Blinzeln" können die „Vordermänner" auch auf Stühlen sitzen, hinter denen ihre Partner stehen. Ein Stuhl muß dabei natürlich frei bleiben.
Auch mit einer geraden Anzahl von Spielern kann man „blinzeln" spielen. Alle Spieler sitzen dann im Kreis, in

dem ein Stuhl mehr vorhanden ist als Mitspieler. Wer den freien Stuhl links neben sich hat, fordert durch Blinzeln nun einen beliebigen Mitspieler auf, auf den freien Stuhl zu wechseln. Der jeweils rechte Nachbar muß dabei auf seinen linken Nachbarn aufpassen und versuchen, ihn zurückzuhalten. Natürlich darf er die Hände erst heben, wenn er merkt, daß sein Nachbar auch tatsächlich angeblinzelt wird.
Blinzeln ist ein sehr schnelles Spiel, bei dem die gerade in Bewegung befindlichen Spieler rasch wechseln. Es eignet sich deshalb gut auch für eine nur kurze Unterbrechung angespannter Beschäftigungen, zum Abbau aufkommender Unruhe und zur Entspannung, z. B. bei langen Diskussionen, Gruppenarbeit oder im Unterricht.

Die Reise nach Jerusalem

Alle Stühle – ein Stuhl weniger, als Mitspieler da sind – werden in einer langen Reihe nebeneinander so aufgestellt, daß sich auf jeder Seite jeweils eine Sitzfläche und eine Rückenlehne abwechseln. Ein Spielleiter setzt nun eine Musikkassette in Gang oder beginnt zu singen, zu pfeifen, ein Instrument zu spielen oder einfach eine Geschichte zu erzählen. Die übrigen Spieler wandern dazu um die Stuhlreihe herum.
Plötzlich bricht der Spielleiter die Musik oder seine Erzählung abrupt ab: Alle Spieler müssen sich nun so schnell wie möglich einen Sitzplatz suchen. Der Spieler, der übrigbleibt, scheidet aus. Die Reihe wird um einen Stuhl verkürzt, und weiter geht die Reise nach Jerusalem – bis nur noch ein Stuhl und ein Spieler übrigbleiben.
Für dieses Spiel sollte die Gruppe nicht zu groß sein – sonst dauert es zu lange, bis die Stuhlreihe abgebaut ist; die bereits ausgeschiedenen Spieler beginnen sich zu langweilen, und der beabsichtigte, die Unruhe dämpfende Effekt verkehrt sich vielleicht ins Gegenteil.

Dreht euch nicht um, der Plumpsack geht herum

Alle Spieler, bis auf einen, stehen oder sitzen im Kreis, das Gesicht zur Mitte. Der übrige Spieler bekommt den Plumpsack, z. B. ein Tuch, in das ein Knoten gemacht wurde, und läuft damit außen um den Kreis herum. Dabei singt die Gruppe: ,,Dreht euch nicht um, der Plumpsack geht herum. Wer sich umdreht oder lacht, kriegt den Buckel blau gemacht." Dieser Singsang wird ständig wiederholt. Irgendwann läßt der Spieler den Plumpsack dann möglichst unauffällig hinter einem Mitspieler im Kreis fallen. Der muß ihn aufheben und hinter dem, der ihn weggeworfen hat, herlaufen und ihn einzuholen versuchen. Wer von den beiden zuerst auf dem freien Platz angekommen ist, darf im Kreis Platz nehmen, der andere wird Plumpsackträger für die nächste Spielrunde.
Dieses Spiel ist international bekannt und eignet sich deshalb auch besonders gut für Gruppen mit – kleinen und großen – ausländischen Mitspielern.

Eisenbahn

Die Gruppenmitglieder behalten ihre bisherige Sitzordnung. Ein Spieler wird zur ,,Lokomotive" erklärt. Er bewegt sich – mit entsprechenden Fahrgeräuschen – langsam durch die Gruppe und stellt sich seinen ,,Zug" zusammen, indem er nach und nach beliebige Spieler auffordert, sich als ,,Wagen" – beide Hände jeweils auf die Schultern des Vordermannes gelegt – hinten anzuhängen. Sind alle Gruppenmitglieder im Spiel, dreht der Zug noch einige Runden, bis die ,,Lokomotive" oder ein besonderer Spielführer rufen: ,,Achtung, der Zug hat Einfahrt in den Hauptbahnhof" – so daß die Spieler sich auf das nahende Spielende einrichten und ihre Fahrt verlangsamen können –, ,,der Zug hält." Beim letzten Wort müssen alle Spieler ihre Eisenbahngeräusche einstellen, stillstehen und anschließend schweigend auf ihre ursprünglichen Plätze zurückkehren.

Das Spiel kann aber auch so gespielt werden, daß die einzelnen Wagen nach und nach wieder abgehängt und – mit entsprechenden Worten – an ihren Platz zurückbegleitet werden, z. B. „Kurswagen Uwe bleibt in diesem Bahnhof", „Kurswagen Ingrid wird hier abgehängt" usw. Kleineren Kindern – und für diese eignet sich dieses Spiel besonders gut – fällt es durch die persönliche Ansprache leichter, die im Spiel erreichte Beruhigung dann auch tatsächlich beizubehalten.

Familiensuchspiel

Ein Spielleiter muß vor Spielbeginn „Familienkärtchen" vorbereiten, mindestens so viele Karten wie Mitspieler. Am meisten Spaß hat die Spielgruppe, wenn die Namen der Familien ähnlich klingen, z. B. Meyer, Dreyer, Schreier, Speier – Müller, Schüller, Trüller, Knüller usw.
Für jede Familie kann es z. B. folgende Karten geben: Vater, Mutter, Kind und Hund.

Müller Vater	Müller Mutter	Müller Kind	Müller Hund

Jeder Spieler zieht eines der vorher gemischten Kärtchen aus einem Beutel oder einem Karton. Auf ein Kommando des Spielleiters suchen dann alle „ihre" Familienangehörigen durch lautes Rufen ihres Familiennamens. Jede Familie, die sich gefunden hat, setzt sich wie folgt: Der Vater nimmt auf einem Stuhl Platz, die Mutter setzt sich auf den Schoß des Vaters, das Kind auf den Schoß der Mutter, und der Hund legt sich allen zu Füßen. Gibt es weitere Familienmitglieder, wird auch für sie vor Spielbeginn ein Sitzplatz festgelegt.
Haben alle die Familiensuche beendet, dürfen die „Hunde" bellend noch eine Ehrenrunde durch den Raum drehen und sich dann endgültig vor den Füßen ihres Herrchens zur Ruhe legen.
Dieses Spiel eignet sich besonders zur Beruhigung von

Kindergruppen, macht aber auch Jugendlichen und Erwachsenen noch Spaß. Während die Familien sich suchen, wird es allerdings eine Weile ziemlich laut zugehen!

Gehen wie ein alter Mann

Ein Spielleiter schlägt eine Handtrommel oder läßt Musik von einer Kassette ablaufen. Dazu gibt er den Spielern Anweisungen, wie sie sich im Rhythmus der Musik frei im Raum bewegen sollen, z. B. wie

- ein alter Mann
- ein Wanderer, der einen schweren Rucksack trägt
- ein Vater, der einen Kinderwagen schiebt
- eine junge Frau, die sich freut
- ein Kind, das barfuß über spitze Steine geht
- eine Frau mit ihrem Freund unter einem Regenschirm
- ein junger Mann, der mit einem Partner eine Leiter trägt
- ein Supersportler, der mit einem Anfänger Tischtennis spielt

usw.

Als Variation kann die Übung tatsächlich auch paarweise – mit oder ohne „echtes" Zubehör – gespielt werden, z. B. können

- zwei Partner sich einen Ball oder ein Reissäckchen zuwerfen
- zwei Spieler miteinander tanzen
- zwei Spieler einander nachlaufen
- zwei Partner gemeinsam einen Stuhl tragen

usw.

Die Begleitung durch ein Rhythmusinstrument erleichtert die pantomimischen Bewegungen, besonders für ungeübte und bewegungsgehemmte Spieler. Bewegungspantomimen gelingen aber auch ohne Musikbegleitung und ohne besondere Vorbereitung: Unruhe und Spannung werden spürbar gemildert.

Gewitter

Die Gruppe überlegt sich zuerst gemeinsam Merkmale eines Gewitters und Möglichkeiten zu ihrer Darstellung: Donnergrollen aus der Ferne kann z. B. durch Scharren mit den Füßen, einzelne Donnerschläge durch lautes Trampeln, Regen durch Fingertrommeln auf dem Tisch, Wind durch heulende Geräusche, Wetterleuchten durch kleine spitze Schreie, Blitze durch einen lauten grellen Schrei usw. veranschaulicht werden.
Die einzelnen Elemente des Gewitters werden dann auf die Mitspieler verteilt. Ein Spieler wird zum Spielleiter ernannt. Er löst das Gewitter aus und bestimmt seinen Verlauf: Aus der Ferne aufziehend, wird es immer heftiger, bis es, nach und nach leiser werdend, wieder in der Ferne verklingt.
Ein solches „Gewitter" kann reinigend wirken und – wenn es einmal eingeführt ist – Gruppen immer wieder rasch zwischendurch Entspannung bringen, wenn sie sehr angestrengt gearbeitet haben oder sehr aufgeregt sind.

Kugellager

Bis auf einen sitzen alle Spieler auf – nicht zu eng stehenden – Stühlen im Kreis. Ein Platz ist frei. Der übrige Spieler steht in der Mitte des Kreises und versucht, sich auf den freien Platz zu setzen. Die anderen bemühen sich, das durch schnelles Hin- und Herrutschen von einem Stuhl auf den anderen zu verhindern. Gelingt es dem Spieler in der Mitte jedoch trotzdem, sich endlich hinzusetzen, muß der Spieler, der nun übrigbleibt, in die Mitte und seinerseits versuchen, wieder Platz zu nehmen.
Die Konzentration auf die eigentliche Spiel-Aufgabe wird größer, wenn nicht gesprochen werden darf.

Marionetten

Die Spieler bilden Paare. Ein Partner legt sich jeweils auf den Boden oder setzt sich auf einen Stuhl, er wird zur „Marionette“ und darf sich nicht selbst bewegen. Der andere Partner wird zum „Marionettenspieler“ und „zieht die Fäden“: pantomimisch am Kopf, an den Schultern, Ellenbogen, Händen, Fingern, Knien, Füßen usw. Er bringt die Marionette zum Aufstehen, zum Gehen, zu beliebigen – steifen – Bewegungen.
Natürlich können sich auch mehrere oder alle Marionettenspieler zusammentun und mit ihren Marionetten ein Standbild, eine Szene o. ä. darstellen.
Nach einer vorher vereinbarten Zeit werden die Rollen getauscht, damit jeder Spieler einmal zur Marionette und einmal zum Marionettenspieler wird.
Das Marionettenspiel kann auch mit Musik begleitet und gesteuert werden.

Menschenmaschine

Die Spieler „bauen“ mit ihren Körpern eine „Maschine“, die sich bewegt und Geräusche von sich gibt. Jeder Spieler muß dazu mindestens einen anderen berühren und stellt jeweils ein Maschinenteil dar, indem er z. B. mit dem Kopf wackelt und zischt – oder mit dem kleinen Finger der linken Hand zuckt und piept – oder mit dem rechten Fuß stampft und brummt usw.
Dieses Spiel tut besonders nach langem, angestrengtem Stillsitzen gut.

Mucksmäuschenstill

Die Gruppe – die Mäuse – sitzt im Kreis, auf dem Boden oder auf Stühlen, mucksmäuschenstill und ohne sich zu

bewegen. In der Mitte des Kreises liegt eine Decke oder eine große Zeitung. Ein Spieler schleicht dort als Katze umher. Bewegt oder muckst sich eine Maus, berührt die Katze sie mit ihren „Pfoten" und nimmt sie als Beute mit in die Kreismitte.
Nach kurzer Zeit wird die Katze müde. Sie zieht sich die Decke oder die Zeitung über den Kopf und ruht sich aus. Nun dürfen alle Mäuse – auch die gefangenen – sich bewegen. Sie dürfen herumlaufen, Lärm machen und sogar die Katze necken. Dabei müssen sie aber aufpassen: Sobald die Katze Decke oder Zeitung wegwirft, müssen alle möglichst schnell wieder mucksmäuschenstill auf ihren Platz im Kreis zurückkehren, auch die ehemals gefangenen Mäuse.
Das Mäuschen, das aber doch noch von der Katze erwischt wird, muß mit ihr die Rolle tauschen.
Für die Katze wird das Spiel leichter, wenn während ihrer Ruhepause ein Stuhl aus dem Kreis entfernt wird und folglich auf jeden Fall ein Mäuschen übrigbleiben muß.
Spielt man das Spiel mit einer Kindergruppe, macht es noch mehr Spaß, wenn die Mäuse nicht auf ihren Stühlen sitzen, sondern unter die Stühle kriechen müssen.
Der Wechsel von Anspannung und freier Bewegung hilft Gruppen, wieder arbeits- und konzentrationsfähig zu werden.

Nachbarspiel

Bis auf einen Spieler sitzen alle im Kreis. Für den übriggebliebenen Spieler ist kein Stuhl mehr vorhanden. Er geht deshalb auf einen beliebigen Mitspieler im Kreis zu und fragt: „Wen hättest du gerne als Nachbarn?" Der so angesprochene Spieler nennt nun die Namen zweier Mitspieler, die daraufhin schnell mit seinen ursprünglichen Nebenmännern die Plätze tauschen müssen. Dabei versucht der stehende Spieler aus der Kreismitte, einen der frei werdenden Stühle zu erwischen. Wer während dieses Platzwechsels keinen Stuhl mehr bekommt, muß in der Mitte bleiben und das Spiel von neuem beginnen.

Nummerntausch

Zu diesem Spiel braucht man Nummernkärtchen, mindestens so viele, wie Spieler vorhanden sind. Allen Spielern muß bekannt sein, welche Zahlen im Spiel sind. Die Karten werden gemischt, und jeder zieht nun vor Spielbeginn aus einer Schachtel oder einem Säckchen blind eine Nummer, die er streng für sich behalten muß.
Nun setzen sich alle Spieler, bis auf einen, in einen Kreis. Der übrige Spieler steht in der Kreismitte und ruft zwei beliebige Nummern auf. Die beiden Spieler, die die entsprechenden Karten gezogen haben, müssen nun ihre Plätze tauschen, und der Spieler in der Mitte muß während des Platzwechsels versuchen, einen der Sitzplätze zu erwischen. Gelingt es ihm, wird der Spieler, der nun ohne Platz übrigbleibt, neuer Nummernaufrufer.
Im weiteren Spielverlauf haben die Spieler Vorteile, die aufmerksam sind und ein gutes Gedächtnis haben: Nach und nach werden sie behalten, welcher Spieler welche Nummer hat, und können sie dementsprechend „strategisch geschickt" aufrufen.

Obstkorb

Alle Spieler sitzen im Kreis und teilen sich in mehrere Obstsorten ein, z. B. Kirschen, Äpfel, Pflaumen, Birnen, Bananen usw.
Nun wird einer zum Spielleiter für die erste Runde ernannt. Er geht in die Mitte des Kreises, sein Stuhl wird beiseite gerückt.
Der Spielleiter ruft nun zwei Obstsorten aus, z. B. „Äpfel" und „Birnen". Die Mitspieler, die zu diesen Obstsorten gehören, müssen ihre Plätze tauschen. Der Spielleiter versucht dabei, auch für sich einen Platz zu finden. Der Spieler, der schließlich übrigbleibt, geht nun in die Kreismitte und ruft wiederum zwei Obstsorten aus, die dieses Mal

tauschen müssen. Ruft er „Obstkorb", müssen alle Mitspieler ihre Plätze wechseln.
Statt Obstsorten aus dem Obstkorb können natürlich auch andere Dinge oder Lebewesen verteilt werden, z. B. Tiere aus dem Tierpark, Werkzeuge aus dem Handwerkskasten, Geldstücke aus dem Portemonnaie, Blumen aus dem Garten usw.

Ochs am Berg

Einer der Spieler, der „Ochs", dreht sich mit dem Gesicht zur Wand, dem „Berg". Hinter seinem Rücken, an der gegenüberliegenden Wand des Raumes, stellen sich die anderen Spieler in einer Reihe nebeneinander auf. Der Spieler an der Wand ruft nun: „Ochs am Berg". Solange er ruft, dürfen sich die anderen Spieler auf ihn zu bewegen. Dabei müssen sie aber sehr vorsichtig sein: Sobald der Ochs mit seinem Spruch fertig ist, dreht er sich schlagartig um. Die Spieler, die er dann noch bei einer Bewegung überrascht, müssen an die Ausgangslinie zurück. Der Spieler, der vom „Ochs" unbemerkt zuerst den „Berg" berührt, wird neuer „Ochs am Berg".
Dieses Spiel, das meistens im Freien gespielt wird, eignet sich zum Abbau von Bewegungsunruhe für eine nicht zu große Gruppe durchaus auch fürs Zimmer. Man muß es nur erst einmal ausprobieren.

Orchesterprobe

Jeder Spieler erzeugt einen Ton, der sich deutlich von allen anderen unterscheidet. Haben alle „ihren" Ton gefunden, beginnen sie auf ein Zeichen des Spielleiters, diesen Ton leise zu summen.
Durch vorher vereinbarte Kommandos kann der Spielleiter im Laufe des Spiels nun Lautstärke und Tempo aller „Instrumente" oder auch nur einzelner „Musiker" oder von

„Musiker-Gruppen“ verändern. Hebt der Spielleiter z. B. die Arme, heißt das „lauter“, senkt er die Arme, heißt das „leiser“. Winkt er mit erhobenen Armen, heißt das „lauter und schneller“, macht er mit beiden Armen beruhigende Bewegungen, heißt das „langsamer und ruhiger“ usw. Breitet er beide Arme aus und hält sie still, bedeutet das „Pause“. Alle Instrumente müssen dann schlagartig verstummen.
Ist das Spiel einer Gruppe erst einmal bekannt, eignet es sich immer wieder für eine schnelle Beruhigungspause zwischendurch, gerade bei verbaler Unruhe oder allgemeinem „Schwätzen“.

Pferderennen

Alle Mitspieler – auch der Spielleiter – sitzen im Kreis. Sie ahmen Geräusche und Stimmung bei einem Pferderennen nach. Das beginnt damit, daß sich alle Spieler auf die Oberschenkel schlagen und dabei sprechen: „Tarab, tarab, tarab ...“
Diese Bewegung und das Gemurmel werden während des ganzen Spieles beibehalten. Zusätzlich gibt der Spielleiter durch Zwischenrufe und Vormachen an, was jeweils zu tun ist:
„Rechtskurve“ – alle legen sich nach rechts;
„Linkskurve“ – alle legen sich nach links;
„Oxer“– alle deuten mit erhobenen Armen und kurzem Aufstehen einmal eine Sprungbewegung an;
„Doppeloxer“ – alle deuten zweimal die gleiche Sprungbewegung an;
„Dreifacher Oxer“ – alle deuten dreimal die Sprungbewegung an;
„Zuschauertribüne“ – alle jubeln;
„Gerempel zwischen den Pferden“ – alle buhen;
„Wassergraben“ – alle blubbern mit den Fingern an den Lippen;
„Hufeisen verloren“ – alle machen mit dem Finger im Mund „klong“ usw.

Die Liste kann durch beliebige weitere Geräusche und Bewegungen ergänzt werden.
Das „Pferderennen" eignet sich gut zum Abbau von verbaler und motorischer Unruhe und macht darüber hinaus – nicht nur Kindern – Spaß.

Rattenfänger

Ein Spieler wird zum Rattenfänger. Jeder andere Spieler, den er berührt, muß ihm folgen. Und das geht so:
Alle Spieler bleiben auf ihren Plätzen oder bewegen sich frei im Raum. Der Rattenfänger geht nun zu einem von ihnen und berührt ihn irgendwo am Körper, z. B. am Hinterkopf. Der betreffende Spieler muß nun mit seiner rechten Hand – bei Linkshändern darf es auch die linke sein – seinen Hinterkopf anfassen und dem Rattenfänger schweigend folgen. Der geht weiter zu einem anderen Spieler und berührt ihn, z. B. an der linken Schulter. Mit der Hand an der linken Schulter muß nun auch dieser Spieler dem Rattenfänger folgen usw., bis schließlich alle Spieler hinter dem Rattenfänger herlaufen, die Hand jeweils an der Stelle, an der sie von ihm berührt worden sind.
Sagt der Rattenfänger dann schließlich das erlösende Zauberwort „Simsalabim", atmen alle Spieler tief ein. Sie sind wieder frei und gehen leise auf ihre Plätze zurück.
Wird das Spiel mit kleineren Kindern gespielt, denen das allgemeine Stillsein nach der gemeinsamen „Befreiung" zum Schluß noch schwerfällt, können sie auch namentlich einzeln nacheinander erlöst und an ihren Platz zurückgeschickt werden. Insgesamt sollte die Gruppe dann aber nicht zu groß sein.

Rhythmus-Lawine

Ein Spielleiter beginnt einen Rhythmus zu klatschen. Auf ein Zeichen von ihm klatschen dann alle Spieler den Rhyth-

mus mit. Schwieriger wird es, wenn nach und nach immer nur ein neuer Mitklatscher hinzukommt, bis zum Schluß alle klatschen. Noch mehr Konzentration erfordert die Übung, wenn der nächste Spieler nicht durch eine vorher festgelegte Reihenfolge, sondern nur durch Blickkontakt vom Spielleiter bestimmt wird.
Die Übung kann so, wie sie angefangen hat, auch wieder beendet werden: Einer nach dem anderen hört – auf ein Zeichen des Spielleiters hin – wieder auf zu klatschen, bis zum Schluß nur noch der Spielleiter klatscht.
Das Spiel kann auch dadurch verändert werden, daß der Spielleiter während des Klatschens entweder für alle oder nur für einzelne Gruppen Rhythmus und Lautstärke variiert.
Fortgeschrittene können die Übung auch ohne Geräusch, nur mit angedeutetem, lautlosem Klatschen durchführen.

Riese und Zwerg

Ein Spielleiter erzählt die Geschichte vom großen Riesen und vom kleinen Zwerg und begleitet sie mit entsprechenden Bewegungen, die von allen Mitspielern mitgemacht werden müssen.
Die Geschichte lautet z. B. so:
Der große Riese *(Arme und Körper lang in die Höhe strecken)* und der kleine Zwerg *(in die Hocke gehen, Arme anlegen)* wohnen zusammen in einem schönen Haus. Am Morgen erwacht zuerst der große Riese *(Arme und Körper strecken)* und steigt aus dem Bett *(mit gestreckten Armen einen großen Schritt mit angezogenen Knien machen).* Dann öffnet er das Fenster *(mit gestreckten Armen entsprechende Bewegung machen)* und streckt sich *(mit erhobenen Armen den Körper recken und strecken).* Nun springt auch der kleine Zwerg aus dem Bett *(in die Hocke gehen, Arme anlegen und hüpfen).* Er geht zum großen Riesen *(in der Hocke mit angelegten Armen ein paar Schritte machen),* nun strecken und recken sich beide

abwechselnd *(mehrmals im Wechsel aufstehen, sich lang machen und strecken, dann wieder in die Hocke gehen und so die Arme recken).* Der große Riese macht nun zwei große Schritte zu seinen Kleidern *(mit erhobenen Armen und gestrecktem Körper zwei große Schritte machen),* und der kleine Zwerg macht vier kleine Schritte zu seinen Kleidern *(in die Hocke gehen, Arme anwinkeln und vier kleine Schritte machen).* Beide ziehen sich an, der große Riese macht drei große Schritte *(gestreckt mit erhobenen Armen drei große Schritte machen),* und der kleine Zwerg macht sechs kleine Schritte *(in die Hocke gehen, mit angewinkelten Armen sechsmal hüpfen)* zur Tür, und – plötzlich sind beide verschwunden.

Die Geschichte kann beliebig verändert werden, sie kann kürzer oder länger werden, es können weitere Personen mit typischen Bewegungen dazukommen usw. Es kann auch eine ganz andere Geschichte werden – je nach Alter und Bedürfnissen der Spielgruppe. Wichtig ist in jedem Fall nur, die Geschichte mit Bewegungen zu begleiten, die abwechselnd Spannung und Entspannung des Körpers ermöglichen.

Schlüsselläufer

Alle Spieler bis auf einen sitzen oder stehen im Kreis. Dieser einzelne Spieler geht mit einem Schlüsselbund in der Hand im Kreis umher. Nach einer Weile gibt er einem der Mitspieler die Hand, nun wandern sie zu zweit im Kreis herum. Der zweite Spieler nimmt nach einer Weile einen weiteren Spieler aus dem Kreis mit usw., bis eine längere Schlange entstanden ist. Irgendwann läßt der erste Spieler unvermittelt den Schlüsselbund fallen. Alle müssen nun versuchen, wieder einen Platz im Kreis zu erhalten. Der Spieler, der übrigbleibt oder sich als letzter noch bewegt, bekommt den Schlüsselbund, und das Spiel beginnt von neuem.

Tierjagd

Ein Spielleiter muß vor Spielbeginn Zettel mit Tiernamen vorbereitet haben, bei denen jedes Tier zweimal vorkommt. Nun bekommt jeder Mitspieler einen dieser Zettel. Zu einer Musikkassette oder auf ein Kommando des Spielleiters laufen alle im Raum herum und tauschen fortlaufend ihre Zettel aus. Hört die Musik plötzlich auf oder gibt der Spielleiter ein vereinbartes Zeichen, schaut jeder auf seinen Zettel und liest nach, was für ein Tier er gerade ist. Indem er die Stimme dieses Tieres nachahmt, versucht er nun das zweite Tier der gleichen Art ausfindig zu machen.
Dieses Spiel eignet sich zum Abbau verbaler und motorischer Unruhe – nicht nur bei Kindern.

Tomatensalat

Die Spielgruppe sitzt im Kreis. Einer wird Spielleiter. Einige Spieler werden vor die Tür geschickt. Die Zurückbleibenden überlegen sich ein mehrsilbiges Wort, z. B. To – ma – ten – sa – lat, und teilen die Gruppe in so viele Untergruppen auf, wie das Wort Silben hat. Die einzelnen Wortsilben werden auf die Untergruppen verteilt. Die Spieler vor der Tür werden hereingerufen. Auf ein Zeichen des Spielleiters sprechen oder rufen die Spieler im Sitzkreis alle gleichzeitig ihre Silbe. Die Rater müssen versuchen, die Silben herauszuhören, zusammenzusetzen und das Wort zu bestimmen. Dazu dürfen sie im Kreis umhergehen und sich besprechen.
Schwerer wird das Raten, wenn immer nur ein Spieler hinausgeht und die Lösung alleine finden muß. Statt mehrsilbiger Wörter können im übrigen auch – allen bekannte – Liedanfänge aufgeteilt und eventuell sogar gesungen werden, z. B. „Auf einem Baum ein Kuckuck saß . . .“. Vorsicht: Das Spiel macht Lärm und eignet sich nicht für hellhörige Räume. Es ist aber sehr hilfreich, um unruhig gewordene Gruppen und solche, die nicht mehr zuhören können, zu beruhigen.

Versteinern

Die Spieler bewegen sich frei im Raum. Einer ist der Zauberer, der durch Berühren jeden anderen „versteinern" kann, d. h., der Spieler, der berührt wurde, muß in der angefangenen Bewegung erstarren. Er kann erlöst werden, wenn ihn ein noch frei herumlaufender anderer Spieler anfaßt.

Das Spiel wird schwieriger, wenn Sprechen und Rufen nicht erlaubt sind. Die „erstarrten" Spieler können dann höchstens pantomimisch freie Spieler auf sich aufmerksam machen und ohne Worte darum bitten, doch erlöst zu werden. Außerdem müssen sie dann nicht nur ihren Drang nach Bewegung beherrschen, sondern auch ihren Wunsch, zu sprechen oder zu schreien.

Spiele zum Stillwerden und Wahrnehmen

Still werden

Still werden ist Voraussetzung für Entspannung und Konzentration und gar nicht so einfach. Viele Gruppen müssen es erst lernen: Alle Gruppenmitglieder sitzen im Stuhlkreis oder bleiben einfach an ihren Tischen sitzen. Sind Tische vorhanden, fordert der Spielleiter auf: „Legt die Hände auf den Tisch. Legt den Kopf auf die Hände, und schließt die Augen." Ohne Tisch sagt er nur: „Schließt die Augen." Sind alle ruhig geworden, fordert er sie auf: „Horcht in die Stille. Wenn ich euch nach einer Weile bitte, die Augen wieder zu öffnen, erzählt ihr, was ihr in der Stille alles gehört habt."
Hat die Gruppe erst einmal gelernt, mit geschlossenen Augen in die Stille zu lauschen, kann die Übung erweitert werden. Der Spielleiter öffnet dann z.B. die Fenster oder macht die Tür auf und fordert die Gruppenmitglieder auf, auch auf die Außengeräusche zu horchen.
Eine solche Stille-Übung läßt sich auch gut außerhalb eines geschlossenen Raumes, im Garten oder auf einem Spaziergang, durchführen.
Stille-Übungen sollten immer nur kurz sein. Kinder, die sehr unruhig sind, brauchen manchmal lange, bis sie sich darauf einlassen können, die Augen zu schließen und mit sich allein in die Stille zu lauschen. Kein Kind sollte deshalb kritisiert werden. Es sollte nur gebeten werden, die anderen nicht zu stören. Auch manchen Erwachsenen fällt es noch schwer, mit geschlossenen Augen still zu sein. Um sich darauf einlassen zu können, brauchen sie Zeit und Vertrauen in die Gruppe. Der Spielleiter kann versuchen, die „Stille" mit einem Kassettenrecorder aufzuneh-

men und nachher gemeinsam mit der Gruppe abzuhören. Es ist manchmal verblüffend, wie ,,geräuschvoll" Stille sein kann.

Stillhalte-König

Auf ein Kommando des Spielleiters verharren alle Spieler unbeweglich in der Haltung, in der sie gerade waren. Der Spieler, der sich am längsten nicht bewegt – der Spielleiter paßt genau auf –, ist ,,Stillhalte-König" und kann z. B. bei der nächsten Spielrunde Spielleiter werden.
Ist diese Übung einer Gruppe erst einmal vertraut, kann sie immer wieder zum schnellen Unterbrechen von Unruhe, Aufregung und beginnendem Chaos durchgeführt werden.

Verzaubern

Die Spieler sitzen oder liegen mit geschlossenen Augen. Der Spielleiter ist der Zauberer. Er bewegt sich im Raum und sagt dabei mit ruhiger Stimme: ,,Ich bin der Zauberer, ich habe euch alle verzaubert. Ihr schlaft jetzt. Wenn ihr meinen Zauberstab fühlt, steht ihr auf und folgt mir. Dabei dürft ihr die Augen aufmachen." Als Variation können die vom Zauberer befreiten Spieler sich auch bei den Händen fassen, und der jeweils letzte darf immer – an Stelle des Zauberers – einen neuen Mitspieler aufwecken, indem er ihn mit der Hand berührt.
Das Spiel ist beendet, wenn alle Spieler ,,entzaubert" sind.

Phantasiereise

Die Gruppenmitglieder sitzen entspannt und in bequemer Haltung auf ihren Stühlen. Alle schließen die Augen. Der Spielleiter schickt sie auf eine ,,Phantasiereise", indem er mit ruhiger Stimme z. B. folgendes erzählt:

„Du liegst auf einer Wiese. – Die Sonne scheint warm auf deinen Körper. – Du hörst Vögel zwitschern. – Das Gras duftet.“ Zwischen den Sätzen läßt der Spielleiter Zeit, so daß die Gruppenmitglieder sich in ihrer Phantasie in diese Situation hineinversetzen können. Nach einer Weile holt der Spielleiter sie wieder in die Wirklichkeit zurück, indem er z. B. sagt: „Die Sonne geht langsam unter. – Du mußt nach Hause. – Du streckst dich und machst die Augen auf. – Du bist wieder bei uns in der Gruppe.“
Zu dieser Übung lassen sich zahlreiche Variationen denken. Nach den beiden einführenden Sätzen: „Du liegst auf einer Wiese – Die Sonne scheint warm auf deinen Körper“ kann die Aufmerksamkeit auf weitere Erlebnisse gerichtet werden, z. B.: „Du siehst einen Schmetterling. – Du riechst eine Blume. – Du fühlst Moos unter dir. – Ein Bächlein plätschert. – Eine Biene summt . . .“
Die Übung kann auch erweitert werden: „Du schaust dich ein wenig um. – Am Rand der Wiese beginnt ein Weg. – Du gehst den Weg ein Stück entlang. – Du kommst an ein Wäldchen. – Die Tannen duften . . .“
Es ist wichtig, die Spieler am Schluß mit einigen kurzen Sätzen wieder aus der Phantasiereise behutsam in die Wirklichkeit zurückzuholen und jedem, der möchte, Zeit zu geben, seine Erlebnisse während der Phantasiereise zu erzählen oder auch zu malen.
Einfache Phantasiereisen kann man schon mit Kindern im Grundschulalter machen.

Erholungsreise

Alle Spieler setzen sich bequem hin und schließen die Augen. Sie atmen tief und ruhig ein und aus. Der Spielleiter beginnt zu sprechen: „Stellt euch vor, ihr habt euch sehr angestrengt und seid nun sehr erschöpft. Ihr braucht dringend Ruhe und Erholung. In Gedanken könnt ihr an jeden beliebigen Platz der Welt fahren, selbst an Orte, die es in Wirklichkeit gar nicht gibt, die ihr euch nur ausdenkt,

z. B. ins Schlaraffenland, ins Feenreich, zum Mittelpunkt der Erde usw. Träumt euch an einen Ort, den ihr möchtet, macht es euch dort bequem, ruht euch aus, genießt die Ruhe, die Geborgenheit, den Frieden."
Nach etwa ein bis drei Minuten holt der Spielleiter die Gruppenmitglieder von der Reise nach Hause zurück: „Nun seid ihr ruhig und wunderbar erholt. Ihr freut euch wieder auf zu Hause. Ihr kommt langsam zurück, öffnet die Augen und seid wieder hier in der Gruppe."
Wer mag, sollte anschließend Gelegenheit erhalten, seine Erfahrungen während der Reise mitzuteilen. Am leichtesten fällt das zunächst in kleinen, vertrauten Unter-Gruppen, anschließend eventuell auch in der Gesamtgruppe. Wenn eine Gruppe diese Übung schon oft gemacht hat, kann sie ohne anschließendes Gespräch auch einfach zum Ausklang einer Gruppenstunde oder zum Tagesabschluß durchgeführt werden.

Bildmeditation

Die Gruppenmitglieder nehmen eine möglichst entspannte Haltung ein und schließen die Augen. Der Spielleiter gibt ihnen nun ein Phantasiebild vor und hilft ihnen durch konkrete Vorgaben, sich selbst und ihren Körper bewußt wahrzunehmen. Er sagt z. B.: „Stell dir vor, du bist ein Rosenbusch." Nach einer Weile gibt er dann mit ruhiger Stimme weitere Vorgaben wie: „Wo wächst du? – Wie ist der Boden beschaffen? – Versuche, deine Wurzeln zu spüren. – Wie tief stecken sie im Boden? – Probiere es aus. – Wie fühlst du deinen Stamm? – Wie fühlst du deine Zweige? – Wie fühlst du deine Blätter? – Hast du viele Blüten? – Wie riechen sie? – Welche Farbe haben sie?" Usw.
Was und wieviel der Spielleiter im einzelnen vorgibt, hängt von der Gruppe ab. Für diese Übung darf sie nicht zu groß sein, und die einzelnen Mitglieder sollten sich vorher schon gut kennen. Nach Beendigung der Meditation muß genug Zeit bleiben, über die gemachten Erfahrungen zu sprechen.

Statt des „Rosenbusches" kann der Spielleiter natürlich auch andere Phantasiebilder anbieten, z. B. einen Apfelbaum, ein bestimmtes Tier, einen besonderen Stein, ein Haus mit vielen Zimmern usw.

Wachsen

Alle Gruppenmitglieder sind Pflanzen, die aus Samenkörnern wachsen, immer größer werden, reifen und wieder verwelken.
Auf Anweisung des Spielleiters rollen sich z. B. zunächst alle als Samenkörner zusammen und beginnen dann, sehr langsam zu wachsen und immer größer und größer zu werden. Sind die Pflanzen groß und ausgewachsen, wenden sie sich der Sonne zu, strecken und recken sich, stehen in voller Reife und beginnen schon wieder, ganz langsam zu welken. Nach und nach fallen sie wieder in sich zusammen, auf den Boden zurück.
Manchen Gruppen gelingen die Bewegungen des Wachsens und Wieder-Verwelkens besser, wenn sie durch Musik begleitet werden.
Statt des Wachsens und Verblühens von Pflanzen kann z. B. auch das Sich-Öffnen einer Blüte am Morgen und Sich-wieder-Schließen am Abend oder das langsame Aufflackern und Wieder-Verlöschen eines Feuers gespielt werden, das Näherkommen, Ausbrechen und Wieder-Abklingen eines Sturms usw.

Tonkette

Die Spieler bewegen sich frei im Raum. Einer „gibt den Ton an", d. h., er summt einen Ton oder macht irgendein Geräusch. Berührt er einen anderen Spieler, gibt er dadurch seinen Ton an diesen weiter. Er selbst ist nun von seinem Ton befreit und kann einen neuen anstimmen. Jeder Spieler, dem einmal ein Ton übertragen wurde, kann

diesen weitergeben und immer wieder neue Töne machen, so daß zum Schluß alle Spieler einen Ton haben.
Es kann vereinbart werden, daß Töne auch an Spieler, die bereits einen Ton summen, weitergegeben werden können: Sie müssen dann mit ihrem bisherigen Ton aufhören und den neuen übernehmen. Auf diese Weise wird sich das Geräusch in der Gruppe ständig verändern. Gesprochen werden darf während dieser Übung nicht.

Woher kommt das Geräusch?

Die Gruppe sitzt im Kreis und schließt die Augen. Der Spielleiter erzeugt an irgendeiner Stelle des Raumes ein Geräusch, z. B. schlägt er mit einem Trommelschlegel oder einem Lineal auf die Fensterbank, ans Fenster, an eine Wand, auf eine Dose, auf ein Buch usw.
Die Gruppe muß jeweils herauszufinden versuchen, wie das Geräusch entstanden ist. Wer richtig geraten hat, wird Spielleiter für die nächste Runde.

Hörprobe

Die Spieler sitzen im Kreis und zeigen mit ausgestreckten Armen auf den Spielleiter. Dann schließen sie die Augen. Der Spielleiter beginnt nun, ruhig im Raum umherzugehen, so daß die Spieler ihn gerade noch hören können. Sie müssen deshalb alle sehr leise sein. Die Spieler versuchen, mit ihren ausgestreckten Armen den Gang des Spielleiters durch den Raum zu verfolgen. Auf sein Kommando hin stehen sie dann möglichst geräuschlos auf und versuchen, hinter ihm herzugehen, die Augen immer geschlossen haltend. Der Spielleiter muß sich so verhalten, daß ihn alle Spieler gerade noch hören können und keine Gefahr besteht, daß sie beim „blinden“ Gehen stolpern oder sich stoßen können.
Das Spiel eignet sich nur für eine relativ kleine Gruppe,

die bereits Erfahrungen mit anderen Stille- und Vertrauensübungen gemacht hat.
Nach Beendigung der Übung müssen die Gruppenmitglieder Gelegenheit haben, über ihre Empfindungen beim „blinden“ Gehen und angespannten Lauschen zu sprechen.

Geräuschschlange

Die Spieler machen die Augen zu. Zu einer Klangquelle, die der Spielleiter bedient, z. B. eine Handtrommel oder Triangel, bewegen sie sich, dem vorgegebenen Rhythmus entsprechend, frei im Raum.
Statt einzeln im Raum herumzugehen, können die Spieler sich auch zu zweit oder zu mehreren oder auch alle an den Händen fassen und als „Menschenschlange“ zu den vorgegebenen Klängen im Raum umhergehen. Die Übung kann auch paarweise so durchgeführt werden, daß ein Spieler die Augen offen halten und seinen „blinden“ Partner so durch den Raum führen muß, daß er keinen anderen Spieler berührt.
Fortgeschrittene, nicht zu große Gruppen können auch eine Menschenschlange bilden, bei der alle, bis auf den ersten Spieler, die Augen geschlossen halten und „blind“ darauf vertrauen, daß der „Schlangen-Kopf“ sie wohlbehütet durch den Raum führt.

Hören wie eine Katze

Die Gruppe einigt sich gemeinsam auf ein „Mäusegeräusch“, z. B. lautes Piepen, das jede schlafende Katze sofort aufweckt. Danach schließen die Spieler die Augen oder legen den Kopf auf den Tisch – sie alle sind „schlafende Katzen“.
Der Spielleiter macht nun unterschiedliche Geräusche: Er schlägt die Tür zu, läßt eine Tasche fallen, klingelt mit dem

Schlüsselbund usw. Alle diese Geräusche stören die Katzen nicht in ihrem Schlaf.
Macht der Spielleiter aber das vereinbarte „Mäusegeräusch“, müssen alle Katzen sofort aufwachen. Wer bei einem „falschen“ Geräusch zuckt oder gar schon aufwacht, kann ausscheiden oder auch den Spielleiter ablösen.

Lockruf

Die Gruppe bildet Paare. Jedes Paar vereinbart für sich einen bestimmten „Lockruf“, ein Geräusch oder ein Wort, das möglichst ausgefallen sein muß, damit es sich von den Lockrufen der anderen deutlich unterscheidet. Die Paare trennen sich, und allen Spielern werden nun die Augen verbunden. „Blind“, nur mit Hilfe ihres „Lockrufes“, müssen sie versuchen, ihren Partner wiederzufinden. Andere Geräusche sind nicht erlaubt. Auf keinen Fall darf gesprochen werden, auch absichtliche Berührungen sind verboten. Nach einer vorher festgelegten, nicht zu langen Zeit nehmen die Spieler auf ein Signal des Spielleiters hin die Augenbinden ab. Die Spieler, die sich paarweise zusammengefunden haben, können dann z. B. einen Pluspunkt angeschrieben bekommen. Das Spiel kann aber ganz ohne Bewertung gespielt werden. Wichtig ist auch hier wieder das anschließende Gespräch in der Gruppe.

Der rechte Weg

Auf dem Fußboden des Raumes wird mit Kreide ein Weg aus zwei Linien im Abstand von etwa 20 cm gezeichnet, möglichst verschlungen und mit ein paar Hindernissen, z. B. um einen Stuhl herum, über eine niedrige Bank usw.
Die Spieler gehen nun nacheinander vorsichtig den Weg entlang und dürfen dabei die Begrenzung nicht überschreiten.

Es können auch immer zwei Spieler gemeinsam gehen. Sie halten sich dann an den Händen; einem der beiden können eventuell die Augen verbunden werden. Der führende Spieler muß versuchen, seinen „blinden" Hintermann – ohne mit ihm zu sprechen – davor zu bewahren, vom Weg abzukommen oder ein Hindernis zu berühren.
Ein Spielleiter oder die übrigen Gruppenmitglieder notieren jeweils die Zahl der Überschreitungen und die „Geh"-Zeit. Wer in der kürzesten Zeit am vorsichtigsten auf dem rechten Weg gegangen ist, hat gewonnen.

Schiffe im Nebel

Die Hälfte der Mitspieler sind „Passagierschiffe". Sie müssen sich mit geschlossenen Augen vorsichtig frei im Raum so bewegen, daß sie nicht mit einem anderen Schiff kollidieren. Die andere Hälfte der Spieler sind „Feuerschiffe mit Nebelhorn". Sie müssen die Passagierschiffe – mit offenen Augen – begleiten und durch Betätigung ihres Nebelhorns vor einem drohenden Zusammenstoß warnen. Sie dürfen dabei das ihnen zugeordnete Passagierschiff weder berühren noch sich durch Sprechen bemerkbar machen. Kommt es doch zu einer Kollision, müssen die „Begleitfahrzeuge" gemeinsam mit dem Havaristen, für den sie verantwortlich waren, ausscheiden.

Vertrauensstaffel

Die Spielgruppe bildet Paare. Ein Partner steht jeweils hinter einem Stuhl, der andere in einiger Entfernung dem Stuhl gegenüber. Er bekommt die Augen verbunden. Sein hinter dem Stuhl stehender Partner muß ihn nun durch Zurufe so dirigieren, daß er „blind" möglichst schnell und sicher auf den Stuhl zu sitzen kommt.
Nach einem ersten Durchgang kann der Spielleiter weitere Mitspieler als Hindernisse in die Strecke stellen, so daß die

sehenden Partner besonders gute Anweisungen geben müssen und das „blinde" Bewältigen der Strecke erschwert wird. Hohe Konzentration braucht der Spieler mit den verbundenen Augen auch deshalb, weil alle sehenden Ansager gleichzeitig sprechen dürfen. Das hört sich dann z. B. so an: „Susanne, geh bitte einen kleinen Schritt vorwärts." „John, geh zwei große Schritte vorwärts." „Anja, geh bitte zwei kleine Schritte nach links." Und das gleichzeitig.
Das Paar, dessen „blinder" Partner zuerst auf dem Stuhl sitzt, kann zum Sieger erklärt werden.
Damit das Spiel überschaubar bleibt, darf die Gruppe nicht zu groß sein. Die einzelnen Spieler müssen sich bereits gut kennen und Vertrauen zueinander haben, damit sie sich auf das „blinde" Gehen überhaupt einlassen können.

Taube hörend machen

Die Gruppe teilt sich in Paare. Ein Partner hält sich jeweils die Ohren fest zu, so daß er kein Geräusch mehr wahrnehmen kann, er ist der Taube.
Der andere versucht nun, ein eingespieltes Musikstück oder eine verbale Mitteilung nur durch seine Bewegungen seinem tauben Gegenüber zu beschreiben. Nach nicht zu langer Zeit nimmt der Taube die Hände von den Ohren und beschreibt, was er „gehört" hat.
Danach tauschen die Partner ihre Rollen.
Anschließend sollte Gelegenheit zum Erfahrungsaustausch in der gesamten Spielgruppe gegeben werden.

Sprechende Hände I

Je zwei Spieler sitzen sich gegenüber. Sie schließen die Augen. Nacheinander versucht nun der eine dem anderen eine Botschaft nur mit den Händen zu übermitteln, z. B.: Ich freue mich; ich bin wütend; usw.

Danach öffnen sie ihre Augen wieder und teilen sich mit, welche Botschaft sie jeweils empfangen haben und welche tatsächlich ausgesandt wurde.
Zum Schluß sollte Gelegenheit gegeben werden, die in der Zweier-Gruppe gemachten Erfahrungen auch mit der gesamten Gruppe auszutauschen.

Sprechende Hände II

Die Spieler suchen sich einen Partner und stellen oder setzen sich ihm gegenüber. Sie legen die Handflächen aufeinander und schließen die Augen. Der Spielleiter erzählt eine Geschichte, z. B.:
„Stellt euch vor, eure Hände treffen sich auf der Straße; sie freuen sich und erzählen sich etwas Lustiges. Plötzlich hupt ein Auto; beide bekommen einen großen Schreck und sind ganz aufgeregt, denn an der Straßenecke scheint etwas passiert zu sein. Die Hände tuscheln miteinander. Plötzlich haben sie es sehr eilig: der Bus kommt. Ganz schnell drücken sie sich zum Abschied und gehen auseinander."
Die Spieler müssen versuchen, während des Erzählens den Partner das Geschehen mit den Händen spüren zu lassen. Nach Beendigung des Spiels muß genügend Zeit sein, über die Erfahrungen zu sprechen, die die einzelnen Gruppenmitglieder gemacht haben, wenn sie es möchten.

Stäbchen-Spiel

Je zwei etwa gleich große Spieler bilden ein Paar. Jedes Paar bekommt ein Stäbchen, z. B. einen Bleistift. Diese Stäbchen müssen die Spieler zwischen den Fingerspitzen oder Handflächen durch leichten Gegendruck halten. Ein Spielleiter stellt dann Aufgaben, die die Partner gemeinsam, immer mit dem Stäbchen zwischen sich, lösen müs-

sen, z. B. über einen Papierkorb steigen, sich im Kreis drehen, sich hinsetzen usw.
Vor Spielbeginn kann vereinbart werden, daß Paare, die ihr Stäbchen verlieren, jeweils bei der nächsten Aufgabe aussetzen müssen.

Wer hat dich berührt?

Bis auf fünf Spieler sitzen alle in einem Kreis und schließen die Augen. Die fünf Spieler bewegen sich in der Kreismitte. Jeder von ihnen berührt nun einen der sitzenden Mitspieler mit der Hand, z. B. streichelt er ihm übers Haar, faßt ihn an die Schulter, kneift ihn – sanft! – in die Wange usw. Danach gehen die fünf in die Mitte zurück. Die im Kreis sitzenden Spieler öffnen die Augen. Die Spieler, die eine Berührung gespürt haben, müssen nun herauszufinden versuchen, wer von den fünfen sie berührt hat. Wer richtig geraten hat, darf bei der nächsten Spielrunde in die Kreismitte.
Die Gruppe sollte nicht zu groß sein und das Spiel nicht allzu oft wiederholen, da sonst bei den Spielern, die nichts zu tun haben, leicht Unruhe und Unzufriedenheit auftreten. Über die Erfahrungen beim Spiel sollte hinterher gesprochen werden, da bei manchen Gruppenmitgliedern durch die Berührung bisher verdeckte Gefühle freigesetzt werden können.

Gib mir deine Hand

Alle stellen sich in einen Kreis, nur so weit voneinander entfernt, daß jeder seine Nachbarn leicht anfassen kann, und schließen die Augen. Ein Spielleiter, der mit im Kreis steht, beginnt, eine Berührung herumzugeben, z. B. einen Händedruck – ein Schulterklopfen – ein Wangenstreicheln usw.
Ist die Berührung wieder bei ihm angekommen, gibt der Spielleiter ein Zeichen zum Öffnen der Augen.

Wichtig ist auch hier wieder, anschließend Gelegenheit zum Miteinander-Reden zu geben.

Gefühle zeigen

Die Spieler sitzen auf Stühlen oder auf dem Boden verteilt in einem abgedunkelten Raum. Macht der Spielleiter nun das Licht aus, dürfen sich alle so bewegen, wie sie möchten. Macht er das Licht an, müssen sie in ihrer Bewegung erstarren. Sind alle mit diesem Ablauf erst einmal vertraut, nennt der Spielleiter nun während der Dunkelphase Gefühle, die die Mitspieler schweigend darstellen sollen, sobald das Licht angeht, z. B. Trauer – Lust – Freude – Hoffnung – Neugier usw. Von ungeübten Gruppen sollte nicht gleich zu viel verlangt werden. Das Spiel sollte schnell beendet werden, wenn die Mitspieler beginnen, unruhig oder albern zu werden.
Nach der Übung sollte Zeit gegeben werden, darüber zu sprechen, wie schwer es ist, Gefühle ohne Sprache auszudrücken, welche Gefühle am schwersten darzustellen waren und was die einzelnen Spieler empfunden haben.

Epidemie

Die Gruppe steht oder sitzt im Kreis. Einer der Spieler verzieht sein Gesicht zu einer Grimasse und wendet es seinem linken Nachbarn zu. Der muß nun „das gleiche Gesicht" machen und sich wiederum seinem linken Nachbarn zuwenden, der seinerseits die Grimasse nachahmen muß usw. Alle müssen während einer Spielrunde den einmal aufgesetzten Gesichtsausdruck beibehalten, bis der letzte Spieler erreicht ist. Wenn sich jeder Spieler tatsächlich nur an seinem Vorgänger orientiert hat, werden der letzte und der erste Spieler – trotz aller Bemühungen – in der Regel ziemlich unterschiedlich dreinschauen!
Zusätzlich – oder anstatt einer „Grimasse" – können

auch andere Körperbewegungen oder -haltungen möglichst originalgetreu weitergegeben werden.

Wer ist der Größte?

Fünf bis zehn Spieler müssen vom Rest der Spielgruppe, der die Augen verbunden sind, nach der Größe in einer Reihe aufgestellt werden. Je nach Anzahl der Gruppenmitglieder kann das Spiel auch als Wettbewerb zwischen Unter-Gruppen gespielt werden.
Es wird um so schwieriger, je mehr Mitspieler der Größe nach sortiert werden müssen und je ähnlicher sich diese in der Größe sind.

Sprachlose Geburtstagsreihe

Der Spielleiter gibt folgende Anweisung: „Versucht bitte, euch nach dem Tag und dem Monat eures Geburtstages aufzustellen. Ihr dürft nicht sprechen, aber ihr dürft euch Zeichen geben, soviel ihr wollt, z. B. mit dem Kopf nicken, den Kopf schütteln, Zahlen mit den Fingern zeigen usw.“
Die fertige Reihe wird zum Schluß auf ihre Richtigkeit überprüft, indem jeder laut sein Geburtsdatum nennt.
Das Spiel kann dadurch erschwert werden, daß auch noch das Geburtsjahr als Ordnungsgesichtspunkt hinzugenommen wird.
Kleinere Kinder versuchen vielleicht zunächst einmal eine Aufstellung nach der Körpergröße, vielleicht auch nach der Haarlänge oder der Schuhgröße – natürlich, ohne zu sprechen.

Tonklumpen kneten

Die Hälfte der Mitspieler wird zu „Tonklumpen“, die andere zu „Bildhauern“. Diese formen nun die „Tonklumpen“ zu

vorgegebenen Statuen, z. B. zu einer Fußballbmannschaft auf dem Sportplatz, zu Marktfrauen auf dem Wochenmarkt, zu Ärzten im Operationssaal usw.
Die „Tonklumpen" müssen dabei herauszufinden versuchen, was der oder die „Bildhauer" aus ihnen gemacht haben.
Als Variationen können sich die „Tonklumpen" auch mit geschlossenen Augen formen lassen und dann ebenfalls zu erraten versuchen, was sie darstellen sollen. Natürlich können sich auch mehrere Bildhauer an einem „Tonklumpen" zu schaffen machen. Eine weitere Variation sind „blinde" Bildhauer, die versuchen, eine Modell-Statue, die ein anderer Bildhauer bereits aus einem Tonklumpen geknetet hat, mit einem weiteren Tonklumpen nachzuahmen.

Baumeister

Die Spieler teilen sich in zwei gleich starke Gruppen. Die erste Gruppe muß nun aus beliebigen Gegenständen im Raum, z. B. Tischen, Stühlen, Papierkörben, Büchern usw., ein Bauwerk errichten, völlig geräuschlos, ohne auch nur ein Wort zu wechseln. Ein Spielleiter stoppt die Zeit.
Die andere Gruppe muß nun das Bauwerk wieder abtragen, ebenso geräuschlos und ohne etwas einstürzen zu lassen. Wieder wird die Zeit gemessen. Wer mag, kann die Gruppe, die am schnellsten war, zum Sieger erklären.
Es können aber auch alle einfach versuchen, möglichst schnell und schweigend ein Baudenkmal zu errichten – und wieder abzutragen.
Jeder Mitspieler sollte mindestens einmal zum Aufbauen und einmal zum Wieder-Abbauen eingeteilt werden.

Blinder Kassierer

Die Spieler sitzen im Kreis und halten die Augen geschlossen. Ein Spielleiter gibt nacheinander einige Geldstücke durch die Runde. Die Spieler müssen durch Tasten den

Wert der einzelnen Münzen und zum Schluß die gesamte Summe, die durch ihre Hände gegangen ist, herausfinden. Ihre Ergebnisse dürfen sie natürlich erst dann laut sagen, wenn alle Münzen wieder zum Spielleiter zurückgekommen sind und er die Worte „Augen auf" gesprochen hat. Als besondere „Gemeinheit" kann der Spielleiter eine ausländische Münze dazwischenschmuggeln.
Das Spiel wird leichter, wenn die Spieler vor Beginn erst einmal Gelegenheit haben, die Münzen mit offenen Augen zu betasten, und wenn die Zahl der Mitspieler und der Geldstücke nicht zu groß ist. Statt Geldmünzen können auf diese Weise natürlich auch alle möglichen anderen Gegenstände „blind" ertastet werden. Der Spielleiter kann dann entweder nach den einzelnen Gegenständen oder nach ihrem Oberbegriff fragen, z. B. „Werkzeuge", „Hosentascheninhalt" u. ä.
Das Spiel wird um so schwieriger, je ungewöhnlicher der zu erratende Oberbegriff ist.

Stille Post

Im Sitzkreis oder auch in der „normalen" Sitzordnung einer Gruppe wird ein – geheimes – Wort von Ohr zu Ohr weitergeflüstert. Der letzte Empfänger dieser „stillen Post" sagt das Wort laut. Dann darf er eine neue „stille Post" aufgeben.
Schwieriger wird das Spiel, wenn statt eines einzelnen Wortes ein – nicht zu langer – Satz weitergegeben wird.
Dieses Spiel braucht überhaupt keine Vorbereitung, geht sehr schnell und ist allen bekannt. Es eignet sich deshalb gut für ein schnelles „Ruhig-Werden" und „Aufmerksam-Sein" zwischendurch.

Stille Post – pantomimisch

Im Sitzkreis werden – schweigend – „gedachte" Gegenstände, z. B. ein heißer Topf, eine Stange, ein Stein, ein

nasser Schwamm, eine Eistüte o. ä. pantomimisch weitergegeben. Der jeweils letzte Spieler muß den Gegenstand – entsprechend seiner Vermutung – laut benennen.
Hat er richtig geraten, darf er einen neuen Gegenstand weitergeben. Rät er falsch, macht ein anderer Spieler weiter, entsprechend einer vor Spielbeginn vereinbarten Reihenfolge.
Das Spiel kann auch bei jeder anderen Sitzordnung, ohne daß erst Tische und Stühle gerückt werden müssen, gespielt werden.
Es macht sogar Erwachsenen noch großen Spaß und führt sie gleichzeitig zu einer intensiven Wahrnehmung des eigenen Körpers und seiner Bewegungen.

Telegrafieren

Die Spieler bilden eine „Leitung", indem sie sich hintereinander stellen oder setzen. Der letzte Spieler, der mit dem Gesicht auf den Rücken seines Vordermannes schaut, erhält nun vom Spielleiter den Auftrag, ein Wort oder ein – einfaches – Bild durch die Reihe zu „telegrafieren", indem er es seinem Vordermann mit den Fingern auf den Rücken „schreibt" oder „zeichnet". Dabei darf nicht gesprochen werden, auch andere Signale sind nicht erlaubt. Ist das Telegramm beim vordersten Spieler angekommen, wird sein Inhalt mit dem ursprünglich abgesandten verglichen.
Das Spiel kann auch als Wettbewerb mit mehreren Gruppen gespielt werden. Dabei wird die Gruppe gewinnen, die sich am besten auf die Berührungseindrücke konzentrieren konnte.

Wer dirigiert das Orchester?

Die Spieler sitzen auf Stühlen im Kreis. Einer wird gebeten, kurz vor die Tür zu gehen. Während er draußen ist, bestimmt die Gruppe einen Mitspieler zum „Dirigenten",

der von seinem Platz aus pantomimisch bestimmte Instrumente spielt, z. B. Klavier, Flöte, Cello, Gitarre, Geige usw. Die restliche Gruppe macht diese Bewegungen nach. Der hinausgeschickte Spieler wird in die Orchesterprobe hereingerufen, wenn die erste Instrumentenbewegung im Gange ist. Der Spielleiter erklärt ihm, daß er den Dirigenten herausfinden muß. Dazu muß er alle Mitspieler genau beobachten, um festzustellen, von wem der jeweilige Wechsel der gespielten Instrumente ausgeht.
Hat er den Dirigenten erkannt, geht dieser als nächster vor die Tür, und ein neuer Dirigent wird bestimmt.
Statt Musikinstrumente zu spielen, können auch andere Bewegungen vor- und nachgemacht werden, z. B. in die Hände klatschen, mit den Füßen stampfen, die Arme drehen, sich den Bauch reiben usw. Auch hierbei muß wieder erraten werden, welcher Spieler jeweils die Kommandos für eine neue Bewegung gibt.

Wo sind wir gerade?

Die Spieler haben sich beliebig im Raum verteilt. Ein Mitspieler wird kurz vor die Tür geschickt. Während er draußen ist, einigt sich die Spielgruppe nun auf eine Szene, die sie gemeinsam darstellen wird, z. B. Warten an der Bushaltestelle, Fahrt im Bus zur Arbeit, Beginn der ersten Tanzstunde, Besichtigung einer Ausstellung usw. Die Szene wird durch Gebärden, ohne Sprache, dargestellt, und der hereingerufene Spieler muß erraten, worum es geht.

Gefangene befreien

Die Spieler sitzen im Kreis, in dessen Mitte sich ein Wächter mit einem Gefangenen befindet. Dem Wächter sind die Augen verbunden, der Gefangene ist an Armen und Beinen mit je einem Schal lose gefesselt. Die Mitspieler aus dem Kreis müssen nun versuchen, diese Fesseln zu lösen und

den Gefangenen zu befreien, ohne daß der „blinde" Wächter aufmerksam wird.
Anschließend wird ein neuer Wächter und ein neuer Gefangener bestimmt.

Indianer auf dem Schleichpfad

Ein Spieler wird zum „schleichenden Indianer" ernannt. Alle anderen setzen oder stellen sich in einen Kreis, mit dem Rücken zur Kreismitte. Von dort aus versucht der Indianer sich nun von hinten an einen der Spieler heranzuschleichen. Wird er von diesem bemerkt, hebt der Spieler die Hand – umdrehen ist verboten –, und der Indianer muß zurück in die Mitte und sich an einen anderen Spieler heranschleichen. Erreicht er unbemerkt einen Spieler im Kreis, muß dieser den „schleichenden Indianer" ablösen. Bei einer großen Spielgruppe können auch zwei oder drei „schleichende Indianer" im Kreis sein, damit mehr Spieler gleichzeitig beschäftigt sind. Die „schleichenden Indianer" müssen ihre Opfer sehr genau anpeilen, damit möglichst keine Mißverständnisse entstehen, wer gemeint ist. Bei kleineren Kindern sollte ein Spielleiter darüber wachen, daß sie nicht die Arme heben, auch wenn sie noch gar keinen „schleichenden Indianer" bemerkt haben.

Wachsamer Hund mit Knochen

Die Spieler sitzen im Kreis mit dem Gesicht zur Mitte. In der Mitte sitzt ein Spieler mit verbundenen Augen als „blinder" Hund, der seinen „Knochen" hütet (irgendeinen Gegenstand, am schwersten ist ein Schlüsselbund). Ein Spieler aus dem Kreis versucht, den Knochen zu stehlen. Bemerkt der Hund den Dieb und gelingt es ihm, ihn zu berühren, muß der verhinderte Dieb zurück an seinen Platz, und ein anderer Spieler darf sein Glück versuchen. Gelingt es ihm, den Knochen zu stehlen, darf er neuer Wachhund werden.

Hänschen, piep einmal

Bis auf einen Spieler sitzen alle im Kreis. Dem restlichen Spieler werden die Augen verbunden. Ehe das Spiel beginnt, wechseln die Mitspieler schnell noch einmal die Plätze, damit er sich nicht an die Sitzordnung erinnern kann.
Er muß sich nun einem beliebigen Mitspieler im Kreis auf den Schoß setzen und ihn bitten: „Hänschen, piep einmal." Erkennt er an der Stimme, auf wessen Knie er sitzt, darf er die Augenbinde an diesen Spieler weitergeben und selbst im Kreis Platz nehmen. Erkennt er den Mitspieler nicht, muß er bei einem anderen „Hänschen" erneut sein Glück versuchen. Vor jeder neuen Spielrunde sollten die im Kreis sitzenden Gruppenmitglieder jeweils die Plätze wechseln.
Je nach Absprache vor Spielbeginn dürfen zum Erkennen des jeweiligen „Untermannes" auch die Hände zum Ertasten zu Hilfe genommen werden.

Blinde Brückenwächter

Ein markiertes – nicht zu großes – Spielfeld wird in drei Streifen aufgeteilt, der mittlere ist die Brücke. Auf ihr befinden sich zwei oder mehrere Spieler mit verbundenen Augen, die „blinden Brückenwächter". Die anderen Spieler verteilen sich etwa zu gleichen Teilen auf die beiden äußeren Spielfelder. Sie müssen versuchen, über die Brücke ins jeweils andere Spielfeld zu gelangen, ohne von den „blinden" Wächtern bemerkt oder gar gefangen zu werden. Gefangene werden zu – ebenfalls „blinden" – Assistenten der Brückenwächter, so daß es zum Schluß immer schwieriger wird, unbemerkt über die Brücke zu gelangen. Bei dem Spiel muß es mucksmäuschenstill sein, damit die Brückenwächter einerseits überhaupt eine Chance haben, Grenzgänger zu bemerken, die Grenzgänger andererseits aber auch nicht zu schnell in Gefahr geraten, gefangen zu werden.

Kim-Spiele

Gedächtnisprobe („Seh"-Kim)

In dieser „Normalform" aller Kim-Spiele sollen sich die Spieler aus einer Vielzahl kleinerer Gegenstände möglichst viele merken. Der Spielleiter legt – je nach Alter der Mitspieler – 10 bis 30 kleine Gegenstände, z. B. Kuli, Bleistift, Radiergummi, Lineal, Teelöffel, Korken, Schere, Taschentuch, Schlüssel usw. auf einen Tisch. Jeder Mitspieler darf sie etwa zwei bis drei Minuten lang anschauen. Danach werden sie zugedeckt, und die Spieler müssen nun mitteilen, was sie behalten haben, indem z. B. jeder in einer vorgegebenen Zeit alle Gegenstände, die ihm noch einfallen, auf einen Zettel schreibt.
Anschließend werden die Lösungen mit den tatsächlich vorhandenen Gegenständen verglichen.
Handelt es sich nur um eine kleine Gruppe, kann nach und nach auch jeder Spieler seine Merkfähigkeit einzeln mündlich unter Beweis stellen. Bei dieser Variation müssen die Gegenstände aber natürlich für jeden Spieler verändert werden.

Ordnung muß sein („Ordnungs"-Kim)

Ein Spielbrett, z. B. ein Schach-, Halma-, Mühle- oder Scrabble-Brett, wird auf den Tisch gestellt. Darauf werden fünf bis zehn Spielfiguren, Korken, Münzen oder Scrabble-Buchstaben verteilt.
Alle Mitspieler haben nun gleich viel Zeit, sich das Ordnungsschema durch bloßes Anschauen einzuprägen. Danach wird das Spielbrett zugedeckt oder hinausgetragen.

Nun muß jeder eine Skizze des Bretts und der darauf angeordneten Gegenstände machen, die dann, wenn alle fertig sind, mit dem Original verglichen wird.
Das Spiel wird leichter, wenn nur das Ordnungsschema, nicht aber der tatsächliche „Wert“ der Spielsteine erinnert werden muß, d. h., es muß die Anordnung der Schachfiguren richtig sein, es ist aber nicht von Bedeutung, ob auf den besetzten Feldern nun etwa eine Dame, ein Bauer oder ein Turm stand.

Bei Schneiders stimmt was nicht
(„Beobachtungs“-Kim I)

Alle Spieler müssen für kurze Zeit den Raum verlassen. Der Spielleiter nimmt in dieser Zeit Veränderungen im Zimmer vor, z. B. hängt er Bilder auf, ab oder um, stellt Stühle um, bringt die Stehlampe in eine andere Zimmerecke, schaltet Lampen an oder aus, zieht Vorhänge auf oder zu, nimmt die Tischdecke ab usw. Dann werden die Spieler wieder hereingerufen und müssen die vorgenommenen Veränderungen herausfinden. Natürlich kann jeweils auch nur ein Spieler zum Raten vor die Tür geschickt werden.

Falsche Blüten („Beobachtungs“-Kim II)

Kim-Spiele lassen sich auch im Freien spielen. Der Spielleiter nimmt entlang einer kurzen Wegstrecke etwa zehn Veränderungen vor, die so in der Natur nicht vorkommen können. Er steckt z. B. eine Rose in den Holunderbusch, ein Gänseblümchen in den Apfelbaum, einen Apfel in die Buchenhecke, befestigt ein Papierveilchen zwischen echten usw. Anschließend müssen die Mitspieler versuchen, die „falschen Blüten“ herauszufinden.
Das Spiel wird leichter, wenn der Spielleiter vorher die genaue Zahl der Naturveränderungen bekanntgibt.

Wer hat sich verändert?
(„Personen-Beobachtungs"-Kim I)

Die Spieler sitzen im Kreis. Ein Spieler, der vorher seine Mitspieler genau anschauen sollte, wird vor die Tür geschickt. Während er draußen ist, wird bei zwei bis vier Spielern etwas verändert, z. B. eine Kette abgenommen, eine Frisur verändert, eine Jacke ausgezogen usw. Der Spieler wird wieder hereingerufen. Er muß nun versuchen, die Veränderungen zu entdecken.
Das Spiel wird leichter, wenn Veränderungen nur in einem bestimmten Bereich vorgenommen werden dürfen, z. B. nur am Kopf, nur am Oberkörper, nur an den Füßen usw., und der Spieler die genaue Zahl der Abweichungen des ursprünglichen Bildes, nach denen er suchen muß, mitgeteilt bekommt.

Modespionage
(„Personen-Beobachtungs"-Kim II)

Die Spielgruppe wird in zwei gleich große Gruppen aufgeteilt, jeder Spieler bekommt einen Partner. Die Spieler erfahren zunächst nicht, was sie später tun sollen, sondern erhalten nur den Auftrag, sich gegenseitig vorzustellen, sich zu unterhalten und dabei den Partner genau anzuschauen.
Nach etwa drei Minuten wird jeweils ein Partner vor die Tür geschickt. Die im Zimmer zurückgebliebenen Spieler bekommen Papier und Bleistift und sollen möglichst genau aufschreiben, was ihr jeweiliger Gesprächspartner anhatte.
Nachdem diese wieder hereingerufen wurden, werden die Modespionageberichte laut verlesen und mit der tatsächlichen Bekleidung verglichen. Je nachdem, was vor Spielbeginn vereinbart wurde, kann dann der zum Sieger erklärt werden, der die genaueste Beschreibung geliefert hat.

Geräusche erkennen („Hör"-Kim)

Die Mitspieler sitzen alle am Tisch und bekommen Papier und Bleistift. Hinter einem Vorhang hat der Spielleiter Gegenstände bereitgelegt, mit denen er Geräusche erzeugen kann, z. B. einen Schlüsselbund, einen Ball, ein Lineal, einen Kamm usw. Die Spieler sollen die Geräusche, die sie erkannt haben, aufschreiben. Während der Geräuschdarbietung darf nicht gesprochen werden. Nach fünf bis zehn Geräuschen werden die Hörergebnisse der Spieler mit den tatsächlichen Geräuschen verglichen; bei kleineren Kindern vergleicht man am besten sofort nach einem Geräusch.
Relativ leicht erraten lassen sich z. B. folgende Geräusche: Ball hüpfen lassen, Stoff zerreißen, eine Flasche öffnen, Nüsse knacken, eine aufgeblasene Tüte zerknallen lassen, Papier zerreißen, die Alarmglocke der Armbanduhr gehen lassen usw.
Schwerer zu erraten sind z. B. Geräusche wie Luftballon aufblasen, einen Fahrradreifen aufpumpen, ein Streichholz anzünden, mit Butterbrotpapier knistern, Schuhe bürsten, Wasser umgießen, Zähne putzen, gurgeln, mit Sandpapier auf einer Holzfläche schmirgeln usw. Die Geräusche, die erraten werden sollen, können natürlich auch durch Kassette, Tonband oder Schallplatte übermittelt werden. Natürliche Umweltgeräusche, z. B. Motorengeräusche von Auto oder Flugzeug, Holz sägen, Schritte im Haus, Schreibmaschine schreiben, Wasser laufen lassen, Kegelbahngeräusche usw., können vorher aufgenommen und der Spielgruppe als Erkennungsaufgabe vorgespielt werden. Charakteristische Geräusche können aber auch mit Hilfe von Tricks aufgenommen werden. Hierbei kann das Spiel erschwert werden, wenn auch die Aufnahmetechnik mitgeraten werden muß. Selbstverständlich kann man auch „fertige" Geräusch-Kassetten verwenden, die von verschiedenen Herstellerfirmen angeboten werden.

Krabbelsack („Tast"-Kim I)

Der Spielleiter steckt viele kleinere Gegenstände in einen Kissenbezug oder Sack, z. B. Büroklammern, eine – stumpfe – Schere, Schlüssel, Korken, einen Stift, einen Radiergummi, einen Flaschenöffner usw. Die Mitspieler sitzen im Kreis, langen der Reihe nach in den Sack und versuchen durch Ertasten einen Gegenstand zu erkennen. Nachdem sie ihn benannt haben, holen sie ihn heraus und vergleichen, ob sie richtig geraten haben.
Als Variation kann ein Spieler auch so lange Gegenstände erfühlen und aus dem Sack holen, wie er richtig rät. Macht er einen Fehler, kommt der nächste Spieler an die Reihe, so lange, bis der Sack schließlich leer ist.

Sehende Hände („Tast"-Kim II)

Alle sitzen im Kreis. Der Spielleiter verbindet jeweils einem der Mitspieler die Augen und gibt ihm einen Gegenstand in die Hand, den er ertasten soll, jüngeren Kindern z. B. einen Ball, ein Tuch, ein Buch usw., älteren Kindern, Jugendlichen und Erwachsenen z. B. auch kompliziertere Geräte wie einen Fotoapparat, eine Heftmaschine, einen Locher usw.
Selbstverständlich muß für jeden Spieler – unter einem Tuch oder in einem Karton verborgen – ein anderer Gegenstand bereitgehalten werden. Als Variation können auch alle Mitspieler im Kreis gleichzeitig die Augen schließen oder um einen Tisch herum sitzen, der mit einem lang herabhängenden Tuch bedeckt ist. Alle müssen dann die Hände unter diesem Tuch verdeckt halten. Nun bringt der Spielleiter Gegenstände in Umlauf, z. B. eine Nagelbürste, einen nassen Schwamm, ein – trockenes oder glitschiges – Stück Seife, eine Kastanie mit oder ohne ihre stachelige Schale, ein Stückchen Fell usw.
Das „Ding" muß möglichst schnell schweigend von Hand zu Hand weitergegeben werden. Sobald es wieder beim

Spielleiter angekommen ist, schreibt jeder Mitspieler auf, was er gefühlt hat. Nach einer vorher festgelegten Anzahl von Spielrunden werden die Ergebnisse vorgelesen und mit den tatsächlichen Gegenständen verglichen.
Diese Spielvariation fördert nicht nur die Konzentration, sondern macht hauptsächlich Spaß. Sie eignet sich deshalb besonders gut als Abschluß „ernsthafter" Arbeit.

Wer bin ich? („Personen-Tast"-Kim)

Die Spieler sitzen im Kreis. Einem werden die Augen verbunden. Er soll einen anderen Mitspieler durch bloßes Tasten erkennen. Bevor er damit anfangen kann, wird die Person, die er ertasten soll, natürlich noch ein wenig verändert, z. B. setzt sie sich einen Hut auf, nimmt die Brille ab, klebt sich einen Bart an, nimmt die Ohrringe heraus, bindet sich ein Tuch um usw. Worte dürfen bei diesem Spiel nicht gewechselt werden. Das Spiel sollte abgebrochen werden, wenn es dem „blinden" Spieler nach einer vor Spielbeginn vereinbarten Zeit nicht gelungen ist, seinen Partner zu erkennen, da es sonst für ihn zu belastend und für alle anderen zu langweilig wird. Eventuell muß man noch einmal beginnen, diesmal aber den Spieler, der nun ertastet werden soll, weniger verfremden.

Spürnase („Riech"-Kim)

Der Spielleiter bereitet zehn bis fünfzehn Gefäße mit verschiedenen „Düften" vor. Alle Gefäße müssen gleich aussehen und mit „Lochscheiben" abgedeckt sein, damit man ihren Inhalt nicht erkennen kann.
Nacheinander „schnüffelt" nun jeder Spieler an ihnen und schreibt auf, was er jeweils gerochen hat.
In die Gefäße kann z. B. Pfeffer, Käse, Seifenpulver, Kaffee, Parfüm, Vanillepulver usw. gefüllt werden.
Wenn alle gerochen haben, werden die Gefäße geöffnet und ihr Inhalt mit den Notizen der Spieler verglichen.

Bei kleineren Kindern empfiehlt es sich, ein Gefäß durch die Gruppe zu geben, daran riechen zu lassen und unmittelbar anschließend über die richtige Lösung zu sprechen. Man kann auch zwei gleiche Sätze mit Duftdosen vorbereiten und die Spieler jeweils die beiden zueinandergehörenden Partnerdosen zuordnen lassen.

Saft-Bar („Schmeck"-Kim)

Fünf bis zehn verschiedene Säfte – oder andere Getränke – werden in einheitliche Gläser oder Becher gefüllt und in einer Reihe nebeneinander aufgestellt.
Nacheinander probiert sie nun jeder Mitspieler mit verbundenen Augen, immer in der gleichen Reihenfolge (die Glasränder sollten selbstverständlich nach jedem Spieler abgewischt werden).
In den Gefäßen sind z. B. Wasser, Kirschsaft, Zitronensaft, Orangensaft, Holundersaft, Karottensaft, Tomatensaft, Milch, Cola, Buttermilch, Apfelsaft, Grapefruitsaft usw.
Nach der Probe schreiben die Spieler auf, was sie gekostet haben. Anschließend dürfen sie die Getränke in Augenschein nehmen und mit ihren Ergebnissen vergleichen.

Tagesnachrichten („Wissens"-Kim)

Die Spielgruppe hört und sieht gemeinsam eine Nachrichtensendung im Radio oder Fernsehen. Im Anschluß daran schickt der Spielleiter alle Gruppenmitglieder aus dem Raum und ruft sie einzeln wieder herein. Jeder soll nun drei bis zehn Fragen zu den Tagesnachrichten beantworten. Beispiele: Wie hieß der erste Politiker, der genannt wurde? Welche Nachricht kam aus den USA? Wie wird das Wetter morgen? Usw. Natürlich erhalten alle dieselben Fragen im selben Wortlaut. Die Spieler, die die mei-

sten oder alle Fragen richtig beantworten konnten, sind die Sieger.
Solche „Wissens“-Kimspiele kann man natürlich auch im Anschluß an das Lesen von Nachrichten, kurzen Geschichten, Kochrezepten, Bastelanleitungen usw. veranstalten.

Spiele zum Aufpassen und Nachdenken

Alle Vögel fliegen hoch

Die Spieler sitzen an Tischen, am besten in einer großen Runde oder im Viereck, auf jeden Fall aber so, daß jeder jeden sehen kann. Alle trommeln mit den Fingern auf den Tisch.
Einer ist der Spielleiter und beginnt zu erzählen:
„Alle Vögel fliegen hoch." – Gleichzeitig hebt er die Hände. Alle anderen Spieler müssen ebenfalls die Hände heben, denn Vögel fliegen ja tatsächlich. Der Spielleiter fährt fort:
„Alle Spatzen fliegen hoch" – Spielleiter und Spieler heben die Hände.
„Alle Flugzeuge fliegen hoch" – alle heben die Hände.
„Alle Elefanten fliegen hoch" – der Spielleiter hebt die Hände.
Wer jetzt von den Mitspielern ebenfalls die Hände erhoben und nicht einfach weitergetrommelt hat, muß ausscheiden: Elefanten fliegen ja nun wirklich nicht.
Das Spiel wird um so schwieriger, je schneller der Spielleiter etwas „hochfliegen" läßt und je ausgefallener – und damit um so verwirrender – seine Flugobjekte werden.
Auch Spielvariationen sind möglich, z. B.:
„Alle Autos fahren", „Roller fahren", „Flugzeuge fahren", „Raketen fahren" (nicht) usw. Oder:
„Alle Fische schwimmen", „Michael Groß schwimmt", „Bretter schwimmen", „Steine schwimmen" (nicht) usw. Dazu müssen jeweils passende Handbewegungen ausgeführt werden.

Alte Oper

Die Spieler sitzen im Kreis. Der Spielleiter erzählt, daß sein Freund Portier in der Alten Oper ist und nur Besucher hineinläßt, die nach seiner Meinung „richtig" angezogen sind. Der Spielleiter berichtet nun, was er bei seinem letzten Opernbesuch anhatte, dabei muß er ein Kleidungsstück seines linken Nachbarn nennen, z. B.:
„Neulich wollte ich in die Oper. Ich hatte Turnschuhe an. Damit ließ mich der Portier ein." Dann fragt er seinen rechten Nachbarn:
„Was würdest du denn bei einem Opernbesuch anziehen?" Nennt dieser nun – zufällig – ein Kleidungsstück, das der Spielleiter trägt, darf er mit in die Oper. Nennt er etwas anderes, darf er – ohne Begründung – nicht hinein. Der jeweils rechte Nachbar setzt das Spiel fort. Der Spielleiter kommentiert stets, ob der Spieler eingelassen wird oder nicht. Die Spieler, die herausgefunden haben, wonach sich der Portier richtet, spielen weiter mit und bemühen sich, durch das Nennen besonders schwer zu entdeckender oder besonders „normaler" Kleidungsstücke die anderen noch zusätzlich zu verunsichern. Das Spiel kann so lange gespielt werden, bis alle herausgefunden haben, nach welchen Merkmalen der Portier die Opernbesucher einläßt oder nicht.
Als Variation kann auch ein Kleidungsstück des jeweils rechten Nachbarn oder – besonders schwierig – überhaupt irgendeines Mitspielers den Einlaß ermöglichen.

Arche Noah

Die Gruppe sitzt im Kreis. Ein Spieler beginnt zu erzählen:
„Noah nimmt zwei Spatzen mit in die Arche, piep-piep."
Der Spieler rechts neben ihm fährt fort:
„Noah nimmt zwei Spatzen mit in die Arche, piep-piep, und zwei Esel, iah-iah." Usw.
Jeder Spieler muß immer alle Tiere und ihre Stimmen, die

bisher schon genannt worden sind, wiederholen und ein neues Paar mit den entsprechenden Geräuschen hinzufügen. Wer sich verspricht oder nicht mehr weiter weiß, muß eine Runde aussetzen.
Tierstimmen bzw. -geräusche können auch jeweils von allen Spielern mitgesprochen werden – bis auf das neue Geräusch natürlich, das sie ja noch nicht kennen. Das Spiel wird schwerer, wenn nicht nur ein Geräusch, sondern auch eine für die Tierart charakteristische Bewegung hinzugefügt und natürlich auch wiederholt werden muß, z. B.:
„Noah nimmt zwei Spatzen mit in die Arche, piep-piep." Gleichzeitig ahmt der Spieler mit beiden Händen das Öffnen und Schließen eines Schnabels nach. – „Noah nimmt zwei Spatzen mit in die Arche, piep-piep" – Schnabelbewegung –, „und zwei Esel, iah-iah". Der Spieler legt dabei gleichzeitig die Hände rechts und links wie „Eselsohren" an den Kopf. Usw.

Besuch im Zoo

Den Spielern im Sitzkreis wird – je nach Gruppengröße – zu zweit, zu dritt oder zu viert ein Tiername zugeordnet, z. B. Panther, Hecht, Affe, Papagei, Seepferdchen usw. Ein Spielleiter steht in der Mitte und erzählt eine Zoogeschichte, in der von Zeit zu Zeit zwei der im Kreis vorhandenen Tierarten vorkommen, z. B.:
„Jeden Morgen beginnt Jens, der Zoowärter, seinen Arbeitstag damit, für Hechte und Affen das Frühstück zu machen, erst danach kommen Panther und Papageien dran. Haben alle gefrühstückt, bekommen Hechte und Seepferdchen frisches Wasser." Usw.
Die Träger der Tiernamen müssen, sobald sie erwähnt werden, rasch die Plätze tauschen, der Spielleiter muß versuchen, dabei einen Stuhl zu erwischen. Der Spieler, der übrigbleibt, wird neuer Spielleiter und erzählt die Geschichte weiter. Verwendet er das Wort „Zoo", müssen alle aufstehen und die Plätze tauschen.

Das Spiel kann dadurch erschwert werden, daß der Spielleiter nicht nur einzelne Tierarten, sondern auch Oberbegriffe nennt, bei denen die zugehörigen Tiere dann selbstverständlich auch die Plätze wechseln müssen. Bei „Fische" müßten z. B. Hecht und Seepferdchen und alle eventuell noch im Kreis vorhandenen Fische die Plätze wechseln, bei „alle Tiere, die mit P beginnen", wären Panther, Papagei und alle weiteren Tiere mit „P" dran . . .
Statt „Tiere im Zoo" kann natürlich auch „Früchte im Obstkorb" oder „Werkzeug im Handwerkskasten" usw. gespielt werden.

Böse Sieben

Die Spielgruppe – die Sitzordnung ist beliebig, die Spieler müssen nur wissen, in welcher Reihenfolge sie drankommen – zählt:
1, 2, 3, 4, 5, 6, psst, 8, 9 usw. Alle Zahlen werden ausgesprochen, nur statt 7, allen Vielfachen von 7, also 14, 21, 28 usw., und allen Zahlen, in denen die 7 ebenfalls vorkommt, wie 17, 27 usw., muß der jeweilige Spieler „psst" sagen. Wer einen Fehler macht, darf nicht mehr mitspielen und zeigt das durch Verschränken der Arme an. Das Spiel kann natürlich auch mit jeder anderen Zahl als der „7" gespielt werden.
Für jüngere Spieler, die das „Einmaleins" noch nicht sicher beherrschen, kann das Spiel vereinfacht werden, indem nur die „7" und alle Zahlen, in denen sie offensichtlich enthalten ist, wie 17, 27 usw., durch „psst" zu ersetzen sind.

Chorprobe

Die Gruppe singt einfache Lieder, deren Texte jeder genau kennt. Zur Sicherheit werden sie vorher noch einmal gemeinsam aufgesagt. Einer ist Spielleiter. Vor jedem Lied

stellt er eine Aufgabe, z. B.: „Alle einsilbigen Hauptwörter werden durch ‚bum' ersetzt." Oder: Bestimmte Wörter sollen ganz ausgelassen werden, z. B. alle bestimmten Artikel, also statt „der", „die", „das" wird jeweils „bum" gesungen. Je mehr Vorgaben einzuhalten sind, desto schwieriger wird das Spiel und um so größer der Spaß.
Auch durch eine zunehmende Steigerung des Tempos kann das Spiel erschwert werden.

Das ist mein Ellenbogen

Die Spieler sitzen im Kreis. Der Spielleiter geht zu einem von ihnen, faßt sich an die eigene Nase und sagt: „Das ist mein Ellenbogen." Der angesprochene Spieler muß nun genau umgekehrt reagieren: Er muß sich an den Ellenbogen fassen und sagen: „Das ist meine Nase."
Hat er richtig reagiert, wendet sich der Spielleiter einem anderen Mitspieler zu, faßt sich z. B. an sein Knie und sagt: „Das ist mein Ohr." Sein Gegenüber muß sich als Antwort ans Ohr fassen und sagen: „Das ist mein Knie."
Wer einen Fehler macht, wird neuer Spielleiter. Mehr Abwechslung kommt allerdings in die Gruppe, wenn jeweils der Spieler, der richtig reagiert hat, neuer Spielleiter wird.
Bei einer anderen Variation faßt der Spielleiter einen Mitspieler an die Nase und sagt: „Das ist mein Ellenbogen." Der angesprochene Spieler muß dann den Spielleiter an den Ellenbogen fassen und sagen: „Das ist deine Nase."
Je schneller gespielt wird, desto mehr Aufmerksamkeit brauchen alle Mitspieler, um richtig zu reagieren.

Der Schlappes hat den Hut verloren

Jeder Spieler bekommt eine Zahl, die er sich gut merken muß. Ein Spieler ist der Schlappes und beginnt etwa folgendes Gespräch: „Schlappes hat den Hut verloren. Nr. 7

hat ihn.“ Der Spieler mit der Nr. 7 antwortet: ,,Wer, ich?“ Der Schlappes bestätigt: ,,Ja, du.“ Nr. 7 sagt: ,,Ich nicht. 5 hat ihn.“ Der Spieler mit der Nr. 5 fragt: ,,Wer, ich?“ Wieder bestätigt der Schlappes: ,,Ja, du.“ Nr. 5 sagt: ,,Ich doch nicht, 3 hat ihn.“ Usw.
Je schneller Rede und Gegenrede aufeinanderfolgen, desto schwieriger wird das Spiel und desto mehr Konzentration brauchen die Mitspieler.

Eine Ente mit zwei Beinen – platsch

Die Spieler sitzen im Kreis und sprechen nacheinander:
1. Spieler: ,,Eine Ente“ – 2. Spieler: ,,mit zwei Beinen“ – 3. Spieler: ,,springt ins Wasser“ – 4. Spieler: ,,platsch“. Der 5. Spieler muß einmal in die Hände klatschen. Der 6. Spieler spricht weiter: ,,Zwei Enten“ – 7. Spieler: ,,mit vier Beinen“ – 8. Spieler: ,,springen ins Wasser“ – 9. Spieler: ,,platsch, platsch“. Der 10. Spieler muß zweimal klatschen. Der 11. Spieler fährt fort: ,,Drei Enten“ – usw.
Zur Abwechslung können natürlich auch vierbeinige Hunde ins Wasser springen und dreibeinige Roboter oder Störche auf einem Bein usw.

Ein langer Satz

Die Spieler bilden einen Sitzkreis. Einer beginnt mit einem Zwei-Wort-Satz, z. B.:
Ingrid geht.
Der Spieler links neben ihm verlängert den Satz um ein Wort, er sagt z. B.:
Ingrid geht langsam.
Der dritte Spieler fügt wieder ein Wort hinzu:
Ingrid geht sehr langsam.
Der vierte Spieler ergänzt ein weiteres Wort:
Ingrid geht sehr langsam bergan.
Usw., – bis einem Spieler keine Verlängerung mehr einfällt.

Wer zwischendurch einen Fehler macht oder keine Verlängerung mehr weiß, wird einfach ausgelassen.
Das Spiel dauert länger, wenn das Bilden von Nebensätzen erlaubt ist. Vor Spielbeginn sollte außerdem abgesprochen werden, ob das neue Wort jeweils am Ende hinzugefügt werden muß oder auch dazwischengeschoben werden darf – wie es in unserem Beispiel der dritte Spieler getan hat.

Familie Meier

Alle Mitspieler sind Mitglieder der Familie Meier.
Zu Beginn des Spiels werden die Rollen verteilt:
Der erste Spieler ist Vater Meier, der zweite Mutter Meier, der dritte Sohn Max Meier, der vierte die Tochter Maria Meier, der fünfte Großvater Meier usw. Ist die Gruppe groß, können außer Personen auch der Hund Bello Meier, die Katze Pussi Meier, der Papagei Lora Meier usw. mitspielen. Ein Gruppenmitglied wird Familienberichterstatter. Er erzählt eine Geschichte aus dem Leben der Familie Meier, in der jedes Familienmitglied sooft wie möglich erwähnt wird. Die Spieler müssen gut aufpassen, denn jedesmal, wenn ihr Name genannt wird, müssen sie aufstehen und sich verbeugen. Sagt der Erzähler „Familie Meier", müssen alle aufstehen und eine Verbeugung machen, bei „Eltern Meier" nur Vater Meier und Mutter Meier usw.
Natürlich kann auch über Familie Müller, Schulze oder Schmidt erzählt werden. Statt über eine Familie kann selbstverständlich auch ein Regierungssprecher über eine Debatte im Parlament berichten, der Schulsprecher von einer Lehrerkonferenz, die Ortsbäuerin über eine Landfrauentagung usw.
Das Spiel kann ohne Sieger und Verlierer gespielt werden, einfach nur zum Spaß und zur Förderung des aufmerksamen Zuhörens. Natürlich kann auch verabredet werden, daß jeweils das Familienmitglied, das nicht aufgepaßt hat, ausscheidet. Wer als letzter übrigbleibt, wird neuer Berichterstatter. Je schneller der Reporter sprechen kann, desto schwieriger und lustiger wird das Ganze.

Fische im Teich

Die Spielgruppe sitzt um einen großen Tisch oder auf dem Fußboden im Kreis. Zwischen den Spielern, auf dem Tisch oder auf dem Boden, ist durch ein zusammengeknotetes Seil oder mit Kreide ein „Teich" markiert. Einer ist Spielleiter und gibt die Kommandos:
Sagt er „rechts", müssen alle Spieler ihre rechte Hand vor sich hinlegen, ohne an oder in den „Teich" zu fassen.
Sagt er „links", müssen alle Spieler die linke Hand vor sich hinlegen, bei „Mitte" müssen sie beide Hände vor sich hinlegen. Erst bei „Teich" müssen die Spieler beide Hände in den Teich legen.
Das Spiel erfordert mehr Aufmerksamkeit, je schneller die Kommandos aufeinanderfolgen.

Handklatsch

Die Spieler sitzen im Kreis rund um einen Tisch. Die Hände werden flach auf den Tisch gelegt, und zwar so, daß jeweils die rechte Hand über die linke Hand des rechten Nachbarn hinweg flach auf den Tisch gelegt wird.
Liegen nun alle Hände wie beschrieben im Kreis, kann das Spiel beginnen. Einer ist Spielleiter, er klatscht einmal mit der rechten Hand auf den Tisch. Das bedeutet, daß in diese Richtung, also nach rechts, immer einer nach dem anderen mit der rechten Hand auf den Tisch klatscht. Sobald in der Runde irgendein Mitspieler zweimal klatscht, muß die Richtung gewechselt werden, und es geht nach links weiter. Einer nach dem anderen klatscht nun mit der linken Hand auf den Tisch. Sobald der nächste zweimal klatscht, wird wiederum die Klatschrichtung gewechselt. Wer einen Fehler macht, scheidet nur mit der Hand aus, die den Fehler gemacht hat. Die andere darf weiterklatschen. Dieses Spiel erfordert hohe Konzentration und bringt viel Spaß, vor allen Dingen auch, weil man durch

das Übereinanderlegen der Hände sehr genau aufpassen muß, ob die eigene Hand oder die des rechten oder linken Nachbarn klatschen muß.
Je schneller geklatscht und je öfter die Richtung gewechselt wird, desto schwieriger wird das Spiel.

Hände weg

Alle Spieler sitzen um einen Tisch, und jeder legt seine Hände auf die Knie.
Sagt der Spielleiter „Achtung", legen alle die Hände auf den Tisch und stellen die Daumen hoch. Ruft er „Ausruhen", nehmen alle die Daumen runter, die Hände liegen flach auf dem Tisch.
Sagt der Spielleiter „Hände weg", müssen alle Hände schnell wieder auf die Knie gelegt werden.
Je schneller die Kommandos aufeinanderfolgen, desto schwieriger wird das Spiel. Es kann auch durch das Hinzunehmen weiterer Anweisungen erschwert werden: Bei „Links marsch" z. B. müssen alle Spieler nur die linke Hand flach auf den Tisch legen, bei „Rechts marsch" nur die rechte Hand usw.

Hauptsender – Nebensender

Die Spieler stehen oder sitzen im Kreis.
Der „Hauptsender" hält beide Hände in Kopfhöhe. Seine beiden Nachbarn rechts und links sind jeweils die „Nebensender"; jeder hält die dem Hauptsender benachbarte Hand ebenfalls in Kopfhöhe. Hauptsender und Nebensender beginnen nun gleichzeitig zu „senden", indem sie mit den erhobenen Händen winken. Der Hauptsender sagt dabei seinen Namen und den Namen des Spielers, den er anpeilt, z. B.:
„Hauptsender Peter ruft Hauptsender Doris."
Hauptsender Doris und ihre beiden Nebensender müssen

daraufhin sofort „auf Empfang gehen", indem sie ebenfalls die entsprechenden Hände in die Höhe heben und winken. Haben sie den Funkspruch richtig beantwortet, darf der angepeilte „Hauptsender" mit seinen „Nebensendern" einen neuen Funkspruch an einen weiteren „Hauptsender mit Nebensendern" abgeben.
Wer gar nicht oder falsch reagiert, scheidet für diese Spielrunde aus, muß aber im Kreis bleiben und sein Ausscheiden durch Verschränken der Arme deutlich machen. Die noch im Spiel befindlichen Spieler müssen nun gut aufpassen: Sie müssen manchmal auch über einen oder mehrere ausgeschiedene Spieler hinweg als Nebensender fungieren. Das Spiel erfordert dadurch im Laufe der Zeit immer mehr Aufmerksamkeit. Es wird auch schwieriger, je schneller die Funksprüche aufeinanderfolgen.

Ich heiße Birgit und mache so ...

Die Gruppe sitzt im Kreis. Eine Spielerin beginnt, indem sie sagt: „Ich heiße Birgit und mache so" – dabei macht sie eine beliebige Bewegung; sie kratzt sich z. B. mit der linken Hand hinter dem linken Ohr. Ihr linker Nachbar macht nun weiter: „Du heißt Birgit und machst so" – kratzt sich mit der linken Hand hinter dem linken Ohr – „und ich heiße Werner und mache so" – er hebt das rechte Bein waagrecht hoch. Werners linker Nachbar muß nun wiederum Werners Namen und seine Bewegung wiederholen und den eigenen Namen und eine neue Bewegung hinzufügen usw.
Der Reihe nach muß dann jeder Spieler Name und Bewegung seines Vorgängers wiederholen und seinen Namen mit einer weiteren – noch nicht dagewesenen – Bewegung hinzufügen.
Das Spiel wird viel schwerer – und sollte so nur in kleinen Gruppen gespielt werden –, wenn von jedem Spieler jeweils alle bisherigen Namen und Bewegungen wiederholt werden müssen.

„Ich sage: knie“

Die Spieler wählen einen Spielleiter und bilden um ihn herum einen lockeren Kreis. Sie müssen nun alle Befehle des Spielleiters in der Weise befolgen, daß sie immer das machen, was dieser tut, aber nicht, was er sagt.
Ruft der Spielleiter z. B.: „Ich sage: knie!“ und kniet sich hin, müssen alle anderen Spieler sich auch hinknien.
Ruft er aber: „Ich sage: knie!“ und bleibt stehen, müssen alle anderen Spieler auch stehenbleiben.
Das Spiel kann natürlich auch umgekehrt gespielt werden: Die Spieler müssen immer das tun, was der Spielleiter sagt, gleichgültig, was er dabei tut.
Je schneller die Anweisungen wechseln, desto schwieriger – und lustiger – wird das Spiel.

Ich sehe was, was du nicht siehst

Ein Spieler denkt sich einen für alle im Raum sichtbaren Gegenstand und läßt ihn von den Mitspielern erraten, indem er ihn nach und nach beschreibt. Wer den Namen des gedachten Gegenstandes zuerst laut ausspricht, darf den nächsten Gegenstand raten lassen.
Der Spieler denkt sich z. B. den roten Kerzenständer auf dem Tisch. Er sagt: „Ich sehe was, was ihr nicht seht, und das ist rot.“ Einer rät: „Peters roter Pullover.“ Antwort: „Nein, viel zu weich, ich sehe etwas Hartes.“ Usw.
Den ursprünglich gemeinten Gegenstand läßt man am besten vor Beginn der Raterunde verdeckt aufschreiben, damit niemand im Eifer des Spiels in Versuchung gerät, auch dann noch weiterraten zu lassen, wenn die eigentliche Lösung schon gefunden ist.

Irrenhaus

Spieler und Spielleiter sitzen im Kreis. Nachdem einige Spieler aus dem Raum geschickt wurden, erklärt der Spielleiter den zurückgebliebenen das Spiel: Sie dürfen niemals auf eine Frage antworten, die ihnen direkt gestellt wird, sondern immer nur auf die, die unmittelbar zuvor einem anderen Spieler gestellt wurde. Dann wird der erste der vor der Tür wartenden Spieler hereingeholt. Der Spielleiter erklärt ihm, er befinde sich in einem Irrenhaus und müsse die Krankheit der Insassen herausfinden. Dazu müsse er nacheinander je eine Frage an sie stellen. Der Spieler fragt daraufhin einen „Irren" z. B.: „Wie alt bist du?" Der Gefragte schweigt beharrlich, bis der Spieler endlich den nächsten fragt: „Wie heißt du?" Dieser antwortet: „12." Nun wendet der fragende Spieler sich an einen dritten: „Welche Farbe hat dein Pullover?" Der antwortet: „Elisabeth." Hat der Fragende schließlich die „Krankheit" herausgefunden, wird der nächste vor der Tür wartende Spieler hereingerufen.

Klatschball

Alle Spieler stehen oder sitzen im Kreis. In der Kreismitte steht ein Spieler mit einem Ball, den er einem beliebigen Spieler im Kreis zuwirft. Dieser muß in die Hände klatschen, bevor er den Ball fängt, und ihn dann zum Spieler in der Mitte zurückwerfen. Wer in die Hände zu klatschen vergißt oder den Ball nicht fangen kann, muß ausscheiden. Er kann aber auch unter erschwerten Bedingungen weiter mitspielen, indem er z. B. knien muß. Beim nächsten Ball, den er regelrecht mit Klatschen fängt, ist er erlöst und darf wieder aufstehen bzw. sitzen.
Das Spiel wird um so schwieriger, je geschickter der Spieler in der Kreismitte verbirgt, wem er den Ball zuwerfen wird, und je schneller er wirft.

Klatsch-Spiel

Alle Mitspieler sitzen im Kreis. Es wird durchgezählt, und jeder muß sich seine Nummer gut merken. Nun beginnt das Spiel:
Alle schlagen sich einmal mit den Händen auf die Oberschenkel, klatschen einmal vor dem Körper in die Hände und schnipsen je einmal mit der linken und einmal mit der rechten Hand. Ein Spieler, der vor Spielbeginn bestimmt wird, nennt beim Schnipsen mit der linken Hand seine eigene Nummer und beim Schnipsen mit der rechten Hand eine beliebige andere Nummer. Der Spieler, der diese Nummer hat, muß dann beim nächsten Durchgang genauso weitermachen.
Bis alle die Reihenfolge der Bewegungen sicher beherrschen, sollte relativ langsam gespielt werden. Je schneller das Tempo schließlich wird, um so schwieriger wird auch das Spiel.

Koffer packen

Die Gruppe sitzt im Kreis. Ein Spieler beginnt damit, seinen Koffer zu packen, indem er einen Gegenstand nennt, den er in den Koffer tut. Er sagt z. B.: „Ich packe ein Hemd ein." Der nächste Spieler muß diesen Gegenstand wiederholen und einen weiteren hinzufügen: „Ich packe ein Hemd und eine Hose ein." Der dritte Spieler wiederholt beide Gepäckstücke und fügt noch eines hinzu: „Ich packe ein Hemd, eine Hose und eine Zahnbürste ein." Jeder Spieler muß also immer alle schon eingepackten Gegenstände in der richtigen Reihenfolge wiederholen und einen neuen hinzufügen. Von Spieler zu Spieler wird das Kofferpacken dadurch immer schwieriger.
Statt Koffer zu packen, kann die Gruppe natürlich auch:
einen Obstkorb füllen – Tiere für einen Zoo einfangen –

für eine Party einkaufen – eine Altkleidersammlung organisieren – eine Bibliothek einrichten usw.
Wer einen Fehler macht, kann für die laufende Spielrunde ausscheiden. Wer das letzte Stück in den Koffer getan hat, bestimmt das Thema der nächsten Spielrunde und fängt an.

Kommando Pimpernell

Die Spielgruppe sitzt oder steht im Kreis, ein Spielleiter steht in der Mitte und ruft den Spielern zu, was sie tun sollen. Er muß dabei jeden Befehl, den er gibt, auch selbst befolgen.
Er ruft z. B.: „Kommando knien!" und kniet dabei. Alle anderen müssen sich ebenfalls hinknien. Dann beginnt der Spielleiter zu winken und ruft: „Kommando winken!" Nun müssen alle anderen auch winken usw.
Läßt der Spielleiter aber das Wort „Kommando" weg, darf keiner der übrigen Spieler reagieren: alle müssen ernst bleiben und ihre bisherige Bewegung weitermachen. Wer nicht aufgepaßt hat, scheidet aus. Ausgeschiedene Spieler dürfen erst wieder mitmachen, wenn der Spielleiter „Kommando Pimpernell" ruft.
Das Spiel wird um so schwerer, je schneller die Kommandos des Spielleiters aufeinanderfolgen und je überraschender und komplizierter die befohlenen Bewegungen sind.

Magische Zahl

Die Gruppe sitzt im Kreis und vereinbart eine „magische" Zahl, z. B. die „5". Nun beginnt ein Spieler damit, einem anderen einen Schaumstoffball, ein Papierknäuel oder etwas ähnlich Leichtes zuzuwerfen, indem er den Namen des Spielers und eine beliebige Zahl ruft, z. B. „Peter 1". Peter fängt den Ball und wiederholt: „1." Dann wirft er

den Ball einer anderen Spielerin zu: „Renate 3." Renate fängt, wiederholt die Zahl 3 und wirft den Ball einer weiteren Spielerin zu. Sie ruft: „Michaela 5." Da „5" die „magische" Zahl ist, darf Michaela den Ball nicht fangen und auch nicht „5" sagen. Sie muß ganz ruhig sitzen bleiben und den Ball zu Boden fallen lassen. Erst dann darf sie ihn aufheben und das Spiel fortsetzen.
Das Spiel wird schwieriger, wenn nicht nur die 5, sondern auch alle Vielfachen, also z. B. 10, 15, 20 usw., zu „magischen" Zahlen werden. Noch schwieriger wird es, wenn statt einer gleichzeitig zwei „magische" Zahlen vereinbart werden.
Wer einen Fehler macht, muß die Arme verschränken und darf nicht mehr angesprochen und angezielt werden. Die noch „aktiven" Spieler müssen dann verstärkt aufpassen.

Nashorn, Elefant und Ente

Vor dem eigentlichen Spielbeginn wird erklärt, wie jeweils drei nebeneinandersitzende Spieler Nashorn, Elefant und Ente darstellen können:
Für das Nashorn macht der mittlere Spieler mit beiden Händen vor der eigenen eine lange Nase. Seine beiden Nachbarn formen mit Daumen und Zeigefinger rechts und links an seinem Kopf die kleinen Nashornohren. Für den Elefanten formt der mittlere Spieler den Rüssel, indem er eine Hand an die Nase führt und den anderen Arm durch den so entstehenden Kreis hindurchsteckt. Sein rechter und linker Nachbar bilden mit beiden Armen seine großen Elefantenohren.
Für die Ente klappt der mittlere Spieler vor seinem Mund beide Hände als Entenschnabel auf und zu. Seine beiden Nachbarn wackeln im Stehen wie die Enten mit dem Po.
Nun kann das Spiel beginnen. Alle Spieler sitzen im Kreis. Einer wird Spielleiter und geht in die Kreismitte. Er zeigt auf einen der Sitzenden und sagt dazu z. B. „Elefant". Der angesprochene Spieler muß nun – gemeinsam mit seinen beiden Nachbarn rechts und links – wie besprochen einen Elefanten darstellen.

Möglichst schnell nacheinander fordert der Spielleiter nun weitere Spieler auf, Elefant, Nashorn oder Ente zu sein. Je schneller die Ansagen aufeinander folgen, desto mehr Aufmerksamkeit müssen die Mitspieler aufbringen, um ihren Einsatz nicht zu verpassen und nicht etwa das falsche Tier darzustellen. Wer einen Fehler gemacht hat, bleibt mit verschränkten Armen im Kreis sitzen, darf aber nicht mehr mitmachen. Nun wird es für die anderen Spieler um so schwieriger: Sie müssen eventuell über einen oder mehrere Spieler hinweg das jeweilige Tier rechts und links „komplettieren".

Ribbel-Dibbel

Alle Spieler sitzen im Kreis. Jeder ist zunächst ein Ribbel-Dibbel ohne Punkt. Von einem beliebigen Spieler aus wird – mit 1 beginnend – durchgezählt, so daß nun jeder auch noch eine Nummer hat. Und dann beginnt das eigentliche Spiel:
Ribbel-Dibbel Nr. 1 beginnt, indem er einen beliebigen Mitspieler aufruft: „Ribbel-Dibbel Nr. 1 ohne Punkt ruft Ribbel-Dibbel Nr. 5 ohne Punkt." Dieser fährt fort: „Ribbel-Dibbel Nr. 5 ohne Punkt ruft Ribbel-Dibbel Nr. 13 ohne Punkt." Verpaßt nun Spieler Nr. 13 aus Unaufmerksamkeit seinen Einsatz, bekommt er – mit einem Stift oder einem rußigen Streichholz – einen Punkt auf die Stirn: Er ist nun Ribbel-Dibbel Nr. 13 mit einem Punkt und darf weitermachen: „Ribbel-Dibbel Nr. 13 mit einem Punkt ruft Ribbel-Dibbel Nr. 11 ohne Punkt." Usw.
Für jeden Fehler bekommt der Spieler einen weiteren Ruß-Punkt aufgemalt, so daß es im Laufe des Spiels viele verschiedene Ribbel-Dibbels geben wird: solche ohne Punkt, mit einem Punkt, mit zwei, drei und mehr Punkten. Dadurch wird das Spiel immer schwieriger – und lustiger. Beides wird durch ein hohes Spieltempo noch gesteigert.

Spießruten-Laufen

Die Spieler stellen sich in zwei Reihen so auf, daß eine Gasse von etwa einem Meter Breite entsteht. Die beiden letzten Spieler jeder Reihe gehen auf Kommando des Spielleiters langsamen Schrittes nebeneinander durch die Gasse und müssen versuchen, dabei möglichst keine Miene zu verziehen. Die Spieler, die die Gasse bilden, müssen sich dagegen bemühen, den spießrutenlaufenden Spieler der jeweils anderen Reihe zum Lachen zu bringen: durch Zurufe, Grimassen, Faxen, nicht aber durch Berühren. Gelingt es ihnen, haben sie den betreffenden Spieler als zusätzliches Mitglied für die eigene Reihe gewonnen.
Die Mannschaft, die die meisten Mitglieder hat, nachdem alle einmal Spießruten gelaufen sind, hat gewonnen.

Tierstimmen

Die Spieler sitzen im Kreis. Jedem wird ein Tier zugeordnet, z. B. Esel, Kuh, kleiner Hund, großer Hund, Schwein usw.
Ein Spielleiter beginnt nun, einzelnen Spielern, möglichst durcheinander, Fragen zu stellen, z. B.: „Welches Tier bist du?“ – „Wie alt bist du?“ Usw. Die Gefragten dürfen nur mit ihrer „Tierstimme“ antworten. So darf der Spieler, der der Esel ist, auf die Frage „Welches Tier bist du?“ auf keinen Fall mit „ein Esel“ antworten, sondern nur mit seiner Tierstimme: „Iah“. Wer einen Fehler macht, muß die Arme verschränken und wird vom Spielleiter in dieser Runde nicht mehr angesprochen. Wer zuletzt übrigbleibt, wird neuer Spielleiter.
Das Spiel wird um so schwieriger, je schneller die Fragen des Spielleiters aufeinander folgen und je mehr sie die Spieler dazu verleiten, mit einem Wort oder einer Zahl statt mit ihrer „Tierstimme“ zu antworten.

Zipp-Zapp

Zipp-Zapp erfordert nicht nur Konzentration, sondern ist gleichzeitig auch ein „Kennenlern"-Spiel. Bis auf einen Spieler bilden alle anderen einen Sitzkreis. Der restliche Spieler stellt sich nun vor einen der sitzenden Mitspieler und sagt: „Zipp". Der Angesprochene muß jetzt den Namen seines rechten Nachbarn nennen oder „Zapp" sagen; darauf muß er den Namen seines linken Nachbarn nennen. Bei „Zipp-Zapp" müssen alle Spieler ihre Plätze wechseln. Der Spieler, der jetzt übrigbleibt, beginnt erneut das „Zipp-Zapp"-Spiel.

Spiele zur Konzentration mit dem ganzen Körper

Blinde Acht

Alle Spieler bekommen die Augen verbunden. Sie halten sich an den Händen, und der Spielleiter sagt ihnen, was sie machen sollen: Sie sollen sich z. B. zu einem Stern zusammenstellen, einen Kreis, ein Oval, eine Acht bilden usw. Haben alle Gruppenmitglieder das Gefühl, daß die Figur fertig ist, verständigen sie sich untereinander und öffnen die Augen.
In größeren Gruppen kann das Spiel auch gut als Wettkampf zwischen Untergruppen gespielt werden. Der Spielleiter entscheidet dann jeweils, welche Gruppe die verlangte Figur am genauesten getroffen hat.

Fleißige Bienen

Die Spieler bilden Paare und wählen eine „Bienenkönigin". Diese gibt verschiedene Befehle, z. B.: „Gebt euch die Hand." – „Hakt euch unter." – „Stellt euch Rücken an Rücken." – „Schaut euch an." Usw. Ruft die Bienenkönigin aber: „Fleißige Bienen!", so müssen alle Bienenpaare auseinanderfliegen und sich einen neuen Partner suchen. Die Königin muß während dieses Bienenfluges versuchen, eine allein fliegende Biene einzufangen. Gelingt es ihr, bildet sie mit ihr ein Paar. Die Biene, die keinen Partner mehr gefunden hat, wird neue Bienenkönigin.

Steh-Tanz

Alle Spieler stehen regungslos im Raum. Der Spielleiter läßt eine stark rhythmisch betonte Musik ablaufen und gibt dazu nacheinander einzelne Körperteile zur Bewegung frei, z. B. zuerst die Stirn, dann die Augen, den kleinen Finger der linken Hand, den Mund, den Daumen der rechten Hand, die linke Hüfte usw.
Alle Bewegungen müssen weitergemacht werden, auch wenn eine neue hinzukommt.
Nach einiger Zeit können die Bewegungen – in umgekehrter Reihenfolge – auf Anweisung des Spielleiters wieder „eingefroren“ werden.

Vollautomatische Gliederpuppe

Die Spieler sitzen im Kreis. Einer beginnt, indem er sagt: „Ich habe eine vollautomatische Gliederpuppe, die macht so“: Der Spieler macht nun irgendeine Körperbewegung vor, z. B. stampft er mit dem linken Fuß auf den Boden. Alle anderen Spieler machen diese Bewegung nach. Dann fährt der linke Nachbar des ersten Spielers fort: „Ich habe auch eine vollautomatische Gliederpuppe, die macht so“: Er zeigt eine weitere Bewegung, z. B. macht er den Mund auf und zu. Alle anderen müssen nun auch diese Bewegung nachmachen, ohne aber mit der ersten aufzuhören. Je mehr Spieler an der Reihe waren, desto komplizierter wird es, alle Bewegungen gleichzeitig durchzuführen. Das Spiel kann unterbrochen werden, wenn ein Spieler sagt: „Meine vollautomatische Gliederpuppe ist kaputt.“ Dann müssen alle Mitspieler in der gerade gemachten Bewegung verharren. Natürlich kann man mit diesen Worten das Spiel auch ganz beenden – wenn niemand mehr bereit ist, die vollautomatische Gliederpuppe wieder zum Leben zu erwecken.

Erbsen rollen

Die Gruppe sitzt im Kreis. Zunächst üben alle im Chor den Text: „Erbsen rollen über die Straße, und dann sind sie platt. O wie schade, jammer-, jammerschade."
Beim zweiten Nachsprechen werden die zugehörigen Bewegungen eingeübt. Der Spielleiter macht sie vor:
Bei „Erbsen rollen über die Straße, und dann sind sie" müssen alle mit Zeige- und Mittelfingern die Oberschenkel entlang bis zu den Knien krabbeln,
bei „platt" beide Hände flach auf die Knie schlagen,
bei „O" die flache linke Hand auf den Mund legen,
bei „wie schade" die rechte Hand an den Kopf legen,
bei „jammer-, jammer" zweimal mit der linken Hand an den Mund tippen und
bei „-schade" die rechte Hand wieder an den Kopf legen.
Im Laufe des Spiels können zusätzliche Anweisungen zur Mimik, zur Lautstärke und zum Tempo gegeben werden. Die Erbsen können z. B. lachend, weinend, fröhlich, laut, leise, traurig, schnell, langsam usw. über die Straße rollen. Je mehr Anweisungen befolgt werden müssen und je schneller gespielt wird, desto besser muß aufgepaßt werden.

Löwenjagd

Alle Spieler sitzen im Kreis und haben genügend Bewegungsspielraum. Sie ahmen durch Trampeln Schritte nach und schlagen gleichzeitig mit den Händen auf die Oberschenkel. Während dieser Bewegung beginnt der Spielleiter (Sp) zu sprechen:

Sp:	„Gehen wir auf Löwenjagd?"
Alle antworten:	„Ja, wir gehn auf Löwenjagd!"
Sp:	„Halt, was ist das?" (zeigt mit dem Finger)
Alle:	„Halt, was ist das?"
Sp:	„Ist das ein Löwe?"
Alle:	„Ist das ein Löwe?"

Sp: „Nein, das ist kein Löwe.“ (schüttelt mit dem Kopf)

Alle: „Nein, das ist kein Löwe.“

Diese Rede und Gegenrede ist der Refrain. Er wird nach jeder Station der Wegstrecke wiederholt!

1. Station: Sp: „Das ist ein Tor, da müssen wir durch.“ (tut, als öffne er eine quietschende Tür)
– Refrain –

2. Station: Sp: „Das ist eine Wiese, da müssen wir durch.“ (reibt die Hände aneinander, platscht, als wate er durch Wasser)
– Refrain –

3. Station: Sp: „Das ist eine Brücke, da müssen wir rüber.“ (macht ein Geräusch, als würde er eine hölzerne Brücke überqueren)
– Refrain –

4. Station: Sp: „Das ist ein Fluß, da müssen wir durch.“ (zieht die Schuhe aus, hält sie mit der Hand über den Kopf, während er mit der anderen Schwimmbewegungen macht)
– Refrain –

5. Station: Sp: „Das ist ein Baum, da müssen wir drüber.“ (tut, als würde er einen Baum hochklettern)
– Refrain –

6. Station: Sp: „Das ist eine Höhle, da müssen wir rein.“ (krabbelt pantomimisch in eine Höhle)

Diesmal wird der Refrain nicht wiederholt, sondern der Spielleiter wartet, bis es ganz still ist. Plötzlich brüllt er:

„Halt, was ist das?“ – „Ah, ein Löwe!“

Nun werden gemeinsam alle Stationen noch einmal rückwärts durchlaufen, wobei der Spielleiter möglichst schnell angibt, was zu tun ist. Zum Schluß heißt es: „Das ist ein Tor, da müssen wir durch.“ – Das Quietschen des Tors wird nachgeahmt. – „Das Tor ist zu.“ – Lauter Schlag. – Und nun rufen alle erlöst: „Ah!“

Urwaldexpedition

Das Spiel kann in einem beliebigen – nicht zu kleinen – Raum gespielt werden. Der Spielleiter liest langsam z. B. folgende Geschichte vor, und die Spieler versuchen, die jeweils dazu passenden Bewegungen zu machen. Um die Vorstellung einer Urwaldexpedition noch realistischer zu machen, kann leise eine entsprechende Hintergrundmusik ablaufen.
Der Spielleiter beginnt:
„Stellt euch vor, ihr seid auf einer Expedition im Urwald. Ihr seid mitten im tiefsten Dschungel . . . Alles ist zugewachsen . . . Kein Weg ist zu erkennen . . . Von den Bäumen hängende Lianen streifen eure Gesichter . . . Es ist dunkel und feucht . . . Ihr müßt eure Augen sehr anstrengen . . . Ihr schwitzt . . . Mühsam bahnt ihr euch einen Weg . . . Mit eurem Buschmesser schneidet ihr eine Schneise . . . Plötzlich liegt ein dicker Baum quer . . . Ihr versucht hinüberzuklettern . . . Ihr rutscht ab . . . Ihr versucht es noch einmal . . . Ihr versucht, mit einer Liane hinüberzuschwingen . . . Auf der anderen Seite des Stammes landet ihr in einem Schlammloch . . . Ihr watet durch den Schlamm . . . Moskitos belästigen euch . . . Ihr versucht, sie abzuwehren . . . Euren Kopf müßt ihr vor herabfallenden Kokosnüssen schützen . . . Ihr schwitzt fürchterlich . . . Mit einem Blatt fächelt ihr euch Luft zu . . . Ein Papagei erschreckt euch . . . Ihr habt schrecklichen Hunger und pflückt eine Beere . . . Ihr steckt sie in den Mund . . . und spuckt sie schnell wieder aus . . . da sie so bitter schmeckt . . . Ihr lechzt nach Wasser . . . Ihr schluckt euren Speichel . . . Der Weg wird immer enger . . . Das Atmen fällt schwer . . . Vor Erschöpfung sinkt ihr zu Boden . . . Obgleich ihr dagegen ankämpft, könnt ihr nicht mehr aufstehen . . . Ihr seid so müde . . . Schließlich schlaft ihr ein . . .“

Die Geschichte kann hier aufhören. Sie kann aber die Expeditionsmitglieder auch wieder aus ihrem Erschöpfungszustand befreien und sicher zu einem Eingeborenendorf geleiten. Natürlich kann die Geschichte auch noch beliebig ausgeschmückt werden, oder es wird überhaupt eine ganz andere Geschichte erzählt. Wichtig ist nur, jeweils die Worte so zu wählen, daß eine pantomimische Gestaltung durch die Gruppenmitglieder möglich ist.

Bahnhofs-Spiel

Der Spielleiter liest oder erzählt eine Geschichte, zu der die Gruppenmitglieder – auf sein Einsatzzeichen hin – je nach ihren vor Spielbeginn festgelegten Rollen – Stimmen oder Geräusche machen. Z.B. können folgende Rollen vergeben werden:

Bahnhofsvorsteher:	„Zurücktreten“
Eisverkäufer:	„Zitroneneis, Schokoladeneis“
Würstchenverkäufer:	„Heiße Würstchen“
Vater Müller:	„Auf Wiedersehn“
Lieschen Müller:	„Mach's gut“
Tante Frieda:	„Schluchz-schluchz“
Onkel Heiner:	„Paß auf dich auf“
Bahnhofsuhr:	„Tick-tack, tick-tack“
Lokomotive:	„Pfff“ (lauter Pfeifton)
Zug:	„Tsch-tsch-tsch“
Waggontür:	„Päng“

Usw. Es müssen so viele Rollen vergeben werden, daß alle Gruppenmitglieder mitspielen können. Bei großen Gruppen kann eine Rolle auch mehrfach vergeben werden. Nun beginnt der Spielleiter mit seiner Bahnhofsgeschichte.
„Der Zeiger an der Bahnhofsuhr . . . dreht sich. Tante Frieda . . . verabschiedet sich von Lieschen Müller . . . und Vater Müller . . . Der Bahnhofsvorsteher . . . hebt schon die Kelle, die Lokomotive . . . ruckt, die Waggontür . . . schlägt zu. Der Zug . . . setzt sich in Bewegung. Im Hintergrund hört man den Eisverkäufer . . . und den Würstchenverkäufer . . . Onkel Heiner ruft . . . Tante Frieda weint leise . . . Der Zug . . . verschwindet in der Ferne. In der Stille ist nur noch die Bahnhofsuhr . . . zu hören.“

Auch hier kann die Geschichte wieder beliebig erweitert, verlängert oder auch ganz anders werden. Wichtig ist, daß immer wieder jedes Gruppenmitglied – möglichst gleich häufig – „drankommt".

Atte katte nuwa

Die Spieler sitzen im Kreis. Der Spielleiter erzählt zur Einstimmung kurz eine Geschichte von einer Eskimo-Familie, die auf Wal- oder Robbenjagd geht. Anschließend lernen alle Text und Melodie des „Fischerliedes", um dann mit der Familie auf die Jagd zu gehen. Und das geht so: Während die Gruppe bei jeder der fünf Strophen denselben Text singt, gibt der Spielleiter Anweisungen, was zu tun ist. Das erste Kommando gibt er jeweils am Liedanfang bei den Worten „Atte katte . . ." (A), das zweite bei den Worten „Hexa . . ." (B) und das dritte bei der Wiederholung der Worte „Atte katte . . . misa de" (C). Und das sind die Anweisungen des Spielleiters mit den zugehörigen Bewegungen für die fünf Liedwiederholungen:

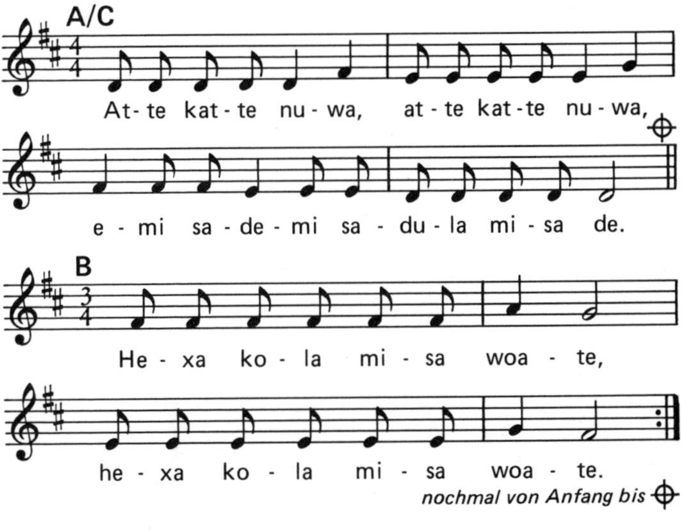

1. A: Wer hat schon einen Robben(Wal)-Schwanz gesehen? – mit der Hand über den Augen in alle Richtungen spähen
   B: Weiter hinaus auf See! – Paddelbewegungen machen
   C: Schaut wieder aus! – Spähbewegung wie bei A
2. A: Weiter hinaus auf See! – Paddelbewegungen machen
   B: Winkt die anderen herbei! – winken
   C: Und weiter hinaus auf See! – Paddelbewegungen machen
3. A: Die Fangleine her! – von einem Arm eine Leine abwickeln
   B: Fertig zum Fang! – die Leine wie ein Lasso werfen
   C: Noch Fangleinen her! – Leine abwickeln wie bei A
4. A: Zieht ein den Fang! – Leine langsam hochziehen
   B: Hebt ihn über Bord! – Fang angestrengt hochwuchten
   C: Zieht die Leinen nach! – Leinen schnell einziehen
5. A: Nun die Flasche her! – Flasche holen und öffnen
   B: Hoch auf den Fang! – zuprosten
   C: Taschentuch raus! – Schweiß abwischen

Je nach Phantasie des Spielleiters können weitere Kommandos und Bewegungen in die Geschichte eingebaut werden.

Auf der Donau woll'n wir fahren

Die Spieler sitzen oder stehen im Kreis. Nach der Melodie „Kommt ein Vogel geflogen“ singen sie den Text:

Auf der Donau woll'n wir fahren,
wo die Schifflein sich dreh'n.
Und das Schifflein heißt . . . *(Name eines Mitspielers).*
Und der (die) . . . *(Name wie oben)* muß geh'n.

Und nun beginnt das eigentliche Spiel:
Alle beginnen zu singen. Ein Spieler geht in der Kreismitte umher; er fügt in das Lied den Namen eines beliebigen Mitspielers ein. Dieser muß aufstehen, sich beim ersten Spie-

ler einhängen oder ihn anfassen und mit ihm gehen. Nun beginnt das Lied von neuem. Der jeweils letzte Spieler bestimmt, wer als nächster Mitspieler mitkommen muß.
Es wird so lange gesungen, bis alle Gruppenmitglieder an das Schifflein angehängt sind und auf der Donau fahren.

Ein Elefant wollt bummeln gehn

Tanzlied aus Amerika
Dt. Text: Ulrich Kabitz

1. Ein Elefant wollt bummeln gehn,
   sich die weite Welt besehn.
2. Langsam setzt er Fuß vor Fuß,
   denn er ist kein Omnibus.
3. Bald ist er nicht mehr allein,
   alles trampelt hinterdrein.
4. Und schon singt das ganze Land
   dieses Lied vom Elefant.

Aus „DER ZÜNDSCHLÜSSEL“, Fidula-Verlag, Boppard/Rhein.

Die Gruppe sitzt im Kreis. Der Mitspieler, der als erster den Elefanten spielt, geht in die Kreismitte. Dort fängt er an, den Elefantenschritt zu trotten, und der geht so:
links, rechts, links – drei Schritte nach vorn,
dann auf der Stelle den rechten Fuß über den linken und wieder zurück,
den linken über den rechten, den rechten über den linken,
und anschließend das Ganze wieder von vorn: mit dem linken Fuß beginnend drei Schritte vorwärts usw.
Dazu singt die Gruppe immer hintereinander weg das Ele-

fantenlied, ein Spieler nach dem anderen hängt sich an den „Elefanten" in der Kreismitte an, so daß schließlich eine lange, lange Karawane im Elefantenschritt unterwegs ist.

Ein kleiner Matrose

Der Spielleiter führt – nachdem die Melodie gemeinsam geprobt wurde – den Text mit den dazugehörigen Bewegungen ein:

Ein:	mit dem linken Daumen eine Eins zeigen

kleiner:	linker Daumen und Zeigefinger deuten eine kurze Strecke an
Matrose:	die linke Hand zum Gruß an den Kopf nehmen
umsegelte:	die Finger beider Hände wie Wellen bewegen
die Welt:	mit beiden Händen einen großen Kreis beschreiben
Er liebte:	sich selbst umarmen
ein:	wieder eine Eins zeigen
Mädchen:	mit den Händen einen Mädchenkörper nachzeichnen
das hatte gar kein:	mit dem Kopf schütteln
Geld:	mit zwei Fingern Geld zählen
Das Mädchen:	wieder einen Mädchenkörper mit den Händen darstellen
mußte sterben:	Hals abschneiden andeuten
und wer war schuld daran:	Fragezeichen in die Luft malen
Ein:	eine Eins zeigen
kleiner:	wieder eine kurze Strecke andeuten
Matrose:	wieder die Hand zum Gruß heben
in seinem Liebes-:	wieder sich selbst umarmen
wahn:	den „Vogel zeigen".

Nun wird das Lied mit allen Bewegungen gesungen. Nach und nach wird ein Textteil weggelassen und nur noch durch die entsprechende Bewegung ersetzt, so lange, bis das Lied schließlich „stumm" gesungen wird.

Em pompi

Aus Deutschland (Niedersachsen)
Aufgezeichnet von Helmut Segler

Aus „DIE ZUGABE", Bd. 3, Fidula-Verlag, Boppard/Rhein

Die Gruppe teilt sich in Paare. Die beiden Partner stehen sich gegenüber und klatschen bei jeder Achtelnote nach folgendem Schema:

1. in die eigenen Hände
2. rechte Hand in die rechte Hand des Partners
3. in die eigenen Hände
4. linke Hand in die linke Hand des Partners
5. in die eigenen Hände
6. beide Hände in beide Hände des Partners
7. mit gekreuzten Händen auf die eigene Brust
8. mit beiden Händen auf die eigenen Oberschenkel.

Bei ungerader Spielerzahl kann statt in die Hand eines Partners auch auf die Tischplatte geklatscht werden, und natürlich sind auch andere oder zusätzliche Bewegungen

– je nach Phantasie und Lust am Spiel – möglich. Langsam beginnen, und erst bei den Wiederholungen das Tempo steigern!

Ein kleines graues Eselchen

Alle Spieler sitzen im Kreis auf Stühlen, wobei auf ausreichende Bewegungsfreiheit geachtet werden muß. Der Spielleiter singt zunächst Text und Melodie vor. Anschließend kommen die entsprechenden Bewegungen dazu:
Während die erste Einheit gesungen wird, bleiben alle auf ihren Stühlen sitzen und trampeln mit den Füßen.
Bei Nummer 2 stehen alle auf und wackeln mit dem Hinterteil, so wie es der Text sagt.
Beim dritten Teil sitzen alle wieder auf ihren Plätzen und nicken mit dem Kopf.

Sobald die Gruppe Melodie, Text und Bewegungen sicher beherrscht, kann sie in drei gleich große Gruppen aufgeteilt und das Ganze als Kanon gesungen werden! Die nächste Gruppe setzt immer dann ein, wenn ein Teil gesungen ist (Ziffern!).

Die Gruppe kann auch von Anfang an in drei Teilgruppen gegliedert werden, die – jede für sich – Kreise bilden, die gegenläufig im Kreis zum Gesang herumwandern oder als Schlangen durch die Welt ziehen. Auch bei diesen Varianten kann im Kanon gesungen werden.

Hans Nasens Fahrrad

Die Spieler sitzen im Kreis und singen auf die Melodie von „Glory, glory halleluja" folgenden Text:

Hans Nasens Fahrrad hat 'nen Platten, o Schreck,
Hans Nasens Fahrrad hat 'nen Platten, o Schreck,
Hans Nasens Fahrrad hat 'nen Platten, o Schreck.
Doch mit Kaugummi kriegen wir ihn wieder weg!

Dazu werden folgende Bewegungen gemacht:

Hans: auf sich selbst deuten
Nasens: sich selbst an die Nase fassen
Fahrrad: mit beiden Händen einen Kreis beschreiben
Platten: zischen oder in die Hände klatschen
o Schreck: mit beiden Händen die Ohren zuhalten oder beide Hände vor Schreck in die Luft werfen
Kaugummi: pantomimisch einen Kaugummi aus dem Mund ziehen
kriegen wir ihn wieder weg: das Flicken des Reifens mit der Hand andeuten.

Im Laufe des Spiels wird ein Textteil nach dem anderen weggelassen und nur durch die entsprechende Bewegung ersetzt. Zuletzt besteht das Lied nur noch aus Bewegungen. Wer möchte, kann dann nach und nach wieder einen Textteil singen, bis das Lied zum Schluß wieder „heil" ist.

Head and shoulders

Die Gruppe sitzt im Kreis. Der Spielleiter spricht den Text zunächst vor, und beim Nachsprechen üben die Mitspieler, mit den Fingern oder Händen jeweils die im Text vorkommenden Körperteile zu berühren:

> Head and shoulders, knees and toes, knees and toes,
> head and shoulders, knees and toes, knees and toes
> and eyes and ears (hands) and mouth and nose,
> head and shoulders, knees and toes, knees and toes.

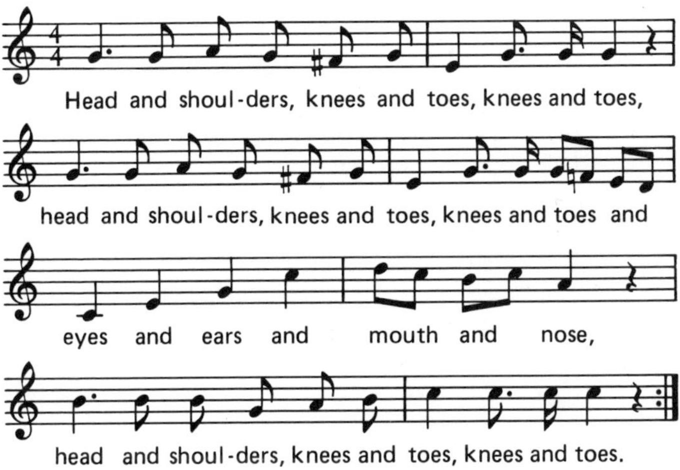

Anschließend kommt die Melodie dazu. Es wird langsam begonnen und allmählich immer schneller gesungen und „gezeigt".
Das Lied kann natürlich auch mit deutschem Text gesungen werden. Das hört sich dann z. B. so an:

> Kopf und Schulter, Zeh und Knie,
> Kopf und Schulter, Zeh und Knie
> und Ohr und Nase, Mund und Kinn,
> Kopf und Schulter, Zeh und Knie.

Ich kenne einen Cowboy

Die Gruppe sitzt im Kreis. Der Spielleiter singt zunächst den ersten Teil des Liedes vor: „Ich kenne einen Cowboy, der Cowboy, der heißt Bill.“ Nun fordert er die Gruppenmitglieder auf, den jeweiligen zweiten Teil der Strophe – mit den entsprechenden Bewegungen – mitzusingen:

1\. . . . und wenn der Cowboy reiten will, dann steht mein Herze still.
Und so reit' der Cowboy, der Cowboy, der reit' so,
und so reit' der Cowboy, der Cowboy, der reit' so.

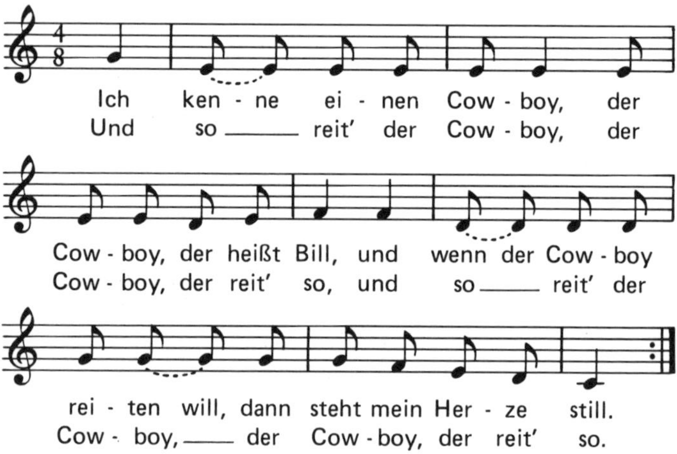

2\. . . . und wenn der Cowboy schießen will . . .
. . . und so schießt der Cowboy . . .

3\. . . . und wenn der Cowboy Lasso wirft . . .
. . . und so geht das Lasso . . .

4\. . . . und wenn der Cowboy trinken will . . .
. . . und so trinkt der Cowboy . . .

5. . . . und wenn der Cowboy lieben will . . .
. . . und so liebt der Cowboy . . .

6. . . . und wenn der Cowboy schlafen will . . .
. . . und so schläft der Cowboy . . .

Weitere Strophen können nach Lust und Laune hinzugefügt werden. Als Variation können auch nach dem Liedanfang „Ich kenne einen Cowboy, der Cowboy, der heißt Bill“ jeweils alle bisher schon ausgeführten Tätigkeiten gesungen und dann erst eine neue hinzugefügt werden. Das erfordert natürlich wesentlich mehr Aufmerksamkeit.

Ich habe eine Tante

Gruppen, die nicht so begeistert von Cowboys und dem Wilden Westen sind, können auf die Melodie „Ich kenne einen Cowboy“ auch folgenden Text singen:

Ich habe eine Tante, die Tante, die ist so,
und wenn die Tante tanzen geht,
dann geht ihr Röckchen so.
Und so geht das Röckchen, das Röckchen,
das geht so,
und so geht das Röckchen, das Röckchen,
das geht so.

Dazu wird die Bewegung eines schwingenden Röckchens angedeutet. Das „Röckchen“ kann in weiteren Strophen z. B. durch „Beinchen“, „Köpfchen“, „Arme“, „Hände“, „Füße“ usw. ersetzt werden, wobei jeweils die entsprechenden Körperteile bewegt werden.

If you're happy and you know it

Der Spielleiter führt Melodie und Text ein und klatscht jeweils bei den mit x bezeichneten Viertelschlägen in die Hände. In allen weiteren Strophen bleibt der Text im großen und ganzen gleich, nur die Tätigkeit wird jeweils durch eine neue ersetzt:

1. If you're happy and you know it, clap your hands.
   If you're happy and you know it, clap your hands.
   If you're happy and you know it and you really want to show it,
   if you're happy and you know it, clap your hands.
2. . . . slap your sides –
   seitlich an die Oberschenkel schlagen

3. . . . stamp your feet – mit den Füßen aufstampfen
4. . . . snap your fingers – mit den Fingern schnippen
5. . . . sniff your nose – mit der Nase schniefen
6. . . . shout „we are" – „we are" rufen.

Nachdem alle Strophen einzeln gesungen worden sind, können zum Abschluß alle Aufforderungen noch einmal direkt nacheinander wiederholt werden. Jetzt können die Mitspieler beweisen, wie gut sie aufgepaßt haben:
If you're happy and you know it, clap your hands – slap your sides – stamp your feet – snap your fingers – sniff your nose – shout „we are". If you're happy . . .

Labadu

Aus: „Spielen – Singen – Tanzen", Verlag Gruppenpädagogischer Literatur, Wehrheim

Alle Spieler stehen im Kreis. Der Spielleiter fragt:
„Haben wir schon einmal Labadu getanzt?" – Alle antworten: „Nein." – Der Spielleiter bestimmt: „Dann tanzen wir mal Labadu!"
Und nun beginnen alle zu singen und zu tanzen. Es wird immer der gleiche Text wiederholt, auch der Tanzschritt bleibt immer gleich – nur die Körperhaltung verändert sich mit jeder neuen Runde.

Der Labadu-Schritt geht wie folgt:
Der linke Fuß wird einen Schritt nach links gesetzt, der rechte Fuß herangezogen, und das wird fortlaufend wiederholt. Nach „Hej!“ können die gleichen Schritte auch noch einmal eine Runde lang rechts herum gemacht werden.
Vor der Einführung jeder neuen Körperhaltung führen Gruppenleiter und Gruppe – wie oben beschrieben – ein Zwiegespräch, z. B.:
- Haben wir schon Labadu Arm in Arm getanzt?
- Haben wir schon Labadu mit den Händen auf den Knien getanzt?
- Haben wir schon Labadu mit den Händen auf den Knien des Nebenmanns getanzt?
- Haben wir schon Labadu in der Hocke getanzt?
- Haben wir schon Labadu mit den Händen an den Ohren getanzt?
- Haben wir schon Labadu mit den Händen an den Ohren des Nebenmanns getanzt? Usw.

Den Spielern werden sicher noch viele weitere Bewegungsmöglichkeiten einfallen. Je komplizierter diese sind und je schneller getanzt wird, desto anstrengender wird das Spiel. Labadu zu spielen, fordert aber nicht nur große Konzentration auf den eigenen Körper, sondern macht auch ungeheuren Spaß.

La bella polenta

Die Spieler sitzen im Kreis. Das Singen wird von den zum Text passenden Handbewegungen von allen begleitet. In jeder Strophe werden die vorangegangenen Handlungen wiederholt, so daß das Lied immer länger wird.
Das Bewegungsspiel ist am bekanntesten in der italienischen Fassung, deshalb wird diese hier zuerst genannt:

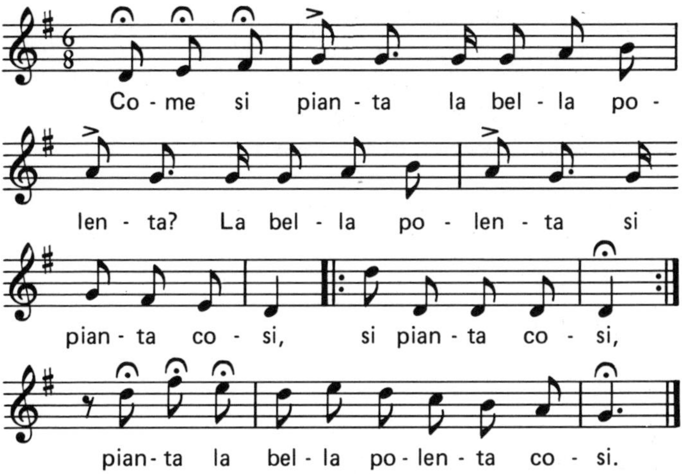

Aus „DER ZÜNDSCHLÜSSEL", Fidula-Verlag, Boppard/Rhein.

1. Come si pianta la bella polenta? La bella polenta si pianta cosi,
   si pianta cosi, si pianta cosi, pianta la bella polenta cosi.
2. Come si cresce . . .?
   . . . si pianta cosi, si cresce cosi, cresce la bella polenta cosi.
3. Come si fiore . . .?
4. Come si taglia . . .?
5. Come si muola . . .?
6. Come si cuoce . . .?
7. Come si mangia . . .?
8. Come si gusta . . .?

Auf deutsch heißt das Spiel: „Wie pflanzt man den schönen Mais?" Die entsprechenden Handbewegungen sind von Strophe 1–8 etwa folgende:

1. pflanzen – Körner in die Erde drücken
2. wachsen – Aufwärtsbewegung mit den Händen machen
3. blühen – die Hände beschreiben eine Blüte
4. schneiden – die Hände machen eine Schneide-Bewegung

5. mahlen – mit den Händen eine Gegenbewegung wie zum Mahlen machen
6. kochen – mit den Händen wird etwas umgerührt
7. essen – einen Löffel zum Munde führen
8. genießen – sich den Bauch reiben.

Laurentia

Alle stehen im Kreis, halten sich an den Händen, bewegen sich im Takt nach rechts und singen das Lied von der Laurentia. Sobald der Name Laurentia oder ein Wochentag genannt wird, machen alle Spieler eine Kniebeuge. In jeder

Strophe wird ein weiterer Wochentag hinzugefügt, so daß auch eine weitere Kniebeuge hinzukommt.
In der dritten Strophe heißt es dann z. B.:

„Laurentia, liebe Laurentia mein,
wann werden wir wieder zusammen sein?
Am Dienstag.
Ach, wenn es doch erst wieder Sonntag, Montag, Dienstag wär,
und ich bei meiner Laurentia wär, Laurentia wär."

Auf diese Weise geht die Gruppe alle Wochentage durch. Ältere Mitspieler seien gewarnt: Das gleichzeitige Singen, Im-Kreis-Herumgehen und Kniebeugen-Machen bei jedem Wochentag und jeder Laurentia strengen ganz schön an!

Ma ku ah koo tee o

Text und Melodie aus Neuseeland

Zu diesem Spiel bildet die Gruppe Paare. Jeder der beiden Partner braucht zwei etwa 30 cm lange Stöcke aus Holz. Die Partner hocken sich im Schneidersitz gegenüber. Ihre Stöcke fassen sie etwa in der Mitte an und halten sie senkrecht kurz über den Boden. Mit dem ersten Ton des Liedes beginnen folgende Bewegungen:

Ma: beide Stöcke auf den Boden aufstoßen
ku: die eigenen Stöcke senkrecht gegeneinanderschlagen
ah: den rechten Stock jeweils dem Partner zuwerfen und dessen Stock mit der rechten Hand auffangen. Aufpassen, daß die Stöcke dabei nicht aneinander stoßen!
koo: die eigenen Stöcke wieder senkrecht auf den Boden stoßen
tee: die eigenen Stöcke wieder senkrecht gegeneinanderschlagen
o: den linken Stock jeweils dem Partner zuwerfen und dessen Stock mit der linken Hand auffangen.

Ab „wei" werden diese Bewegungen immer wiederholt, so lange, bis die Melodie zu Ende ist.
Für weitere Strophen können, je nach Geschicklichkeit der Gruppenmitglieder, neue Bewegungen mit den Stöcken erfunden werden – die Melodie und der Text bleiben immer gleich.

Aus Elisabeth Achtnich (Hg.), Mein Liedersack, Burckhardthaus-Laetare Verlag GmbH, Offenbach/M.

Meine Tante aus Marokko

Die Gruppe sitzt im Kreis. Nach der Melodie „Von den blauen Bergen kommen wir" (vgl. S. 104 „She'll be coming round the mountain") wird der folgende Text gesungen, und zu den Ausrufen am Zeilenende werden die entsprechenden Handbewegungen gemacht. Am Ende jeder Strophe werden jeweils alle bisherigen Ausrufe und Bewegungen wiederholt:

1. Meine Tante aus Marokko, wenn sie kommt, hi ho – *(erst die linke, dann die rechte Hand an die Schulter)*, meine Tante aus Marokko, wenn sie kommt, hi ho – *(Bewegung wie oben)*, meine Tante aus Marokko, meine Tante aus Marokko, meine Tante aus Marokko, wenn sie kommt, hi ho – *(Bewegung wie oben)*.
2. Und sie kommt auf zwei Kamelen, wenn sie kommt, hoppel di popp – *(mit den Füßen traben) . . .*
3. Und sie schießt aus zwei Pistolen, wenn sie kommt, piff paff – *(mit den Zeigefingern nach allen Richtungen schießen) . . .*
4. Und dann trinken wir 'ne Cola, wenn sie kommt, gluck gluck – *(Trinkbewegungen machen) . . .*
5. Und dann backen wir 'nen Kuchen, wenn sie kommt, knatsch, knatsch – *(Bewegungen des Teigknetens machen) . . .*
6. Und dann schlachten wir ein Hühnchen, wenn sie kommt, krr krr – *(Bewegungen des Hals-Abschneidens) . . .*
7. Und dann schreibt sie uns 'nen Brief, daß sie nicht kommt, schluchz schluchz – *(weinen, langsam singen) . . .*
8. Und dann essen wir das Hühnchen ganz allein, schmatz schmatz – *(Bauch reiben) . . .*
9. Und dann schreibt sie uns 'nen Brief, daß sie doch kommt, hurrah – *(aufspringen, Arme in die Luft werfen, wieder schneller singen) . . .*
10. Und dann läuten alle Glocken, wenn sie kommt, bim bam – *(Glocken läuten) . . .*

Nach der letzten Strophe werden noch einmal alle Geräusche und Bewegungen nachgemacht:
hi ho, hoppel di popp, piff paff, gluck gluck, knatsch knatsch, krr krr, schluchz schluchz, schmatz schmatz, hurrah, bim bam.
Die Spielgruppe kann selbstverständlich auch noch weitere Verse selber erfinden.

She'll be coming round the mountain

Dieses englische Bewegungsspiel hat die gleiche Spielanleitung wie die „Tante aus Marokko". Zu den verschiedenen Strophen werden jeder Spielgruppe sicher auch die passenden Bewegungen einfallen:

1. She'll be coming round the mountain when she comes, oh yes!
She'll be coming round the mountain when she comes, oh yes!
She'll be coming round the mountain,
she'll be coming round the mountain,
she'll be coming round the mountain when she comes, oh yes!

2. She'll be driving six white horses when she comes, ho ho . . .
3. Oh! we'll all go out to meet her when she comes, hi hi . . .
4. We'll kill the old big rooster when she comes, hack hack . . .
5. We'll all have chicken an' dumplings when she comes, yum yum . . .
6. She will have to sleep with Grandma when she comes, smork smork . . .
7. She'll be wearing red pyjamas when she comes, scratch scratch . . .

Mein Hut, der hat drei Ecken

Der Spielleiter führt zunächst den Text ein:

Immer, wenn die Wörter „mein“, „Hut“, „drei“ und „Ecken“ gesungen werden, werden folgende Bewegungen gemacht:

mein: jeder zeigt auf sich selbst
Hut: mit den Händen auf dem Kopf einen Hut andeuten
drei: mit drei Fingern die Zahl 3 zeigen
Ecken: mit der rechten Hand gegen den linken Ellenbogen schlagen.

Im weiteren Verlauf des Spiels werden dann nach und nach die Wörter weggelassen und nur durch die entsprechenden Bewegungen ersetzt, bis zum Schluß „stumm" gesungen wird. Genauso kann natürlich auch nach und nach der Text wieder hinzugenommen werden, bis das Lied wieder komplett ist.

O oni goni sad

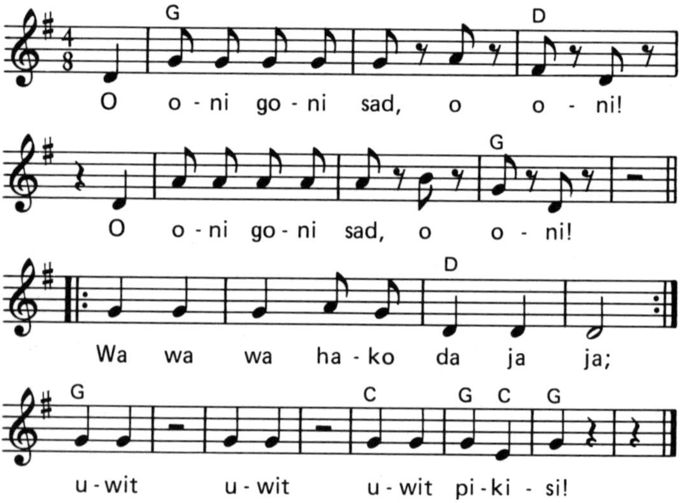

Die Gruppe sitzt im Kreis und lernt zuerst Text und Melodie; beides bleibt für jede Strophe gleich, nur die Bewegungen ändern sich. Immer im Rhythmus des Liedes werden Strophe für Strophe folgende Bewegungen gemacht:

1. Bei *O* zeigen alle mit den Händen in die Kreismitte und formen mit Daumen und Zeigefinger ein O. Ab *oni* schlagen dann alle auf den Oberschenkel des linken Nachbarn, dann auf die eigenen, dann auf den des rechten Nachbarn usw.

2. Alle klatschen zweimal in die Hände, dann mit der rechten Hand auf den – eigenen – linken Oberschenkel und danach mit der linken Hand auf den rechten Oberschenkel usw.
3. Alle zeigen zuerst wieder mit der Hand das O und schlagen dann mit beiden Händen auf die entsprechenden Oberschenkel, dann überkreuz, dann wieder mit der rechten Hand auf den rechten, mit der linken Hand auf den linken Oberschenkel, schließlich knicken sie beide Arme in den Ellenbogen schnell nach oben und machen „o" usw.
4. Der linke Arm wird nach vorn ausgestreckt, dann mit der rechten Hand auf die linke Hand geschlagen, an die rechte Armbeuge gefaßt und der linke Arm abgewinkelt. Nun folgt dieselbe Bewegung mit dem rechten Arm und der rechten Hand usw.
5. Beide Hände schlagen auf die Oberschenkel, dann wird die linke Hand an die Nase und gleichzeitig die rechte Hand ans linke Ohr geführt. Anschließend schlagen wieder beide Hände auf die Oberschenkel, und dann wird die rechte Hand an die Nase und die linke Hand ans rechte Ohr geführt usw.

Es ist gar nicht so einfach, diese Bewegungen korrekt auszuführen. Gruppen, die sie sicher beherrschen, singen immer schneller: um so schwieriger wird das Spiel!

Sitz-Boogie

Die Spieler sitzen im Kreis. Der Spielleiter führt zunächst einmal folgende Melodie auf „la, la, la . . ." ein:

Danach führen alle Spieler im Rhythmus dieser Melodie folgende Bewegungen aus:

Takt 1: Mit beiden Händen zweimal flach auf die Oberschenkel schlagen und zweimal in die Hände klatschen.
Takt 2: Beide Hände mit dem Handrücken nach oben mit kurzen Seitenbewegungen zweimal überkreuzen, rechte Hand oben. Dasselbe mit der linken Hand oben.
Takt 3: Beide Hände zweimal schräg nach rechts unten stoßen und anschließend zweimal nach links unten stoßen.
Takt 4: Nach links verbeugen und nach rechts verbeugen.

Bei der Wiederholung der Melodie setzt die zweite Serie der Bewegungen ein:

Takt 5: Rechter Unterarm zeigt mit einer eleganten Bewegung nach oben und wird ausgeschüttelt; dabei faßt die linke Hand an den rechten Ellenbogen, dasselbe dann umgekehrt.
Takt 6: Rechte, nach vorn geöffnete Hand mit dem Daumen an die Schläfe und winken, dasselbe links.
Takt 7: Rechten Unterschenkel schräg nach vorn anheben, ebenso links.
Takt 8: Aufstehen und wieder hinsetzen.

Und danach beginnt der Boogie wieder von vorne.
Je öfter die zweimal vier Takte wiederholt werden, desto mehr sollte das Tempo gesteigert werden. Gesungen und getanzt wird, solange es allen Spaß macht und bis dem ersten die Puste ausgeht.

Tom sitzt in der Küche mit Tina

Beim Singen der einzelnen Strophen spielen alle Gruppenmitglieder auf unsichtbaren Instrumenten mit. Das Lied kann erst auf deutsch, dann auf englisch gesungen werden. Geübte Gruppen können sich auch teilen und gleichzeitig zweisprachig singen:

1. Tom sitzt in der Küche mit Tina . . .,
und er spielte sein Banjo.
Didi didel dideldum . . .,
und er spielte sein Banjo.
Someone's in the kitchen with Dina . . .,
strummin' on the old banjo.
Feefi fiddle eio
strummin' on the old banjo.
2. . . . und er spielte sein Klavier.
Ping-ping . . .
strummin' on the old piano . . .
3. . . . und er spielte seine Trompete.
Tä-tä-tä-tärätä . . .
. . . on the old trumpet . . .
4. . . . und er spielte Gitarre.
Klirr-klirr . . .
. . . on the old guitar . . .
5. . . . und er spielte seinen Baß.
Dum-dum . . .
. . . on the old bass . . .
6. . . . und er spielte seine Trommel.
Tam-tam . . .
. . . on the old drums . . .

Wer mag, kann weitere Instrumente hinzufügen.
Das Spiel kann auch mit einer zusätzlichen Bewegung gespielt werden: Alle schlagen mit beiden Händen zuerst gleichzeitig auf die eigenen Oberschenkel, dann auf die des linken Nachbarn, wieder auf die eigenen, auf die des rechten Nachbarn usw.

Was müssen das für Bäume sein?

Die Spieler sitzen im Kreis. Der Spielleiter führt zunächst den Text und die Melodie ein, dann kommen folgende Bewegungen hinzu:

Was müssen das für Bäume sein, wo die:	mit den Füßen rechts, links, rechts, links usw. stampfen

großen:	aufstehen und wieder hinsetzen
Elefanten:	einen Rüssel machen, dafür die linke Hand an die Nase nehmen, mit der rechten Hand durch den so entstandenen Kreis greifen, dabei den Arm ausstrecken
spazierengehen, ohne sich zu stoßen:	wieder stampfen wie oben
Rechts sind Bäume:	mit beiden Händen rechts stehende Bäume andeuten
links sind Bäume:	mit beiden Händen links stehende Bäume andeuten
und dazwischen Zwischenräume:	mit beiden Händen vor dem Körper Zwischenräume andeuten
wo die:	wieder stampfen wie oben
großen:	aufstehen und wieder hinsetzen
Elefanten:	Rüssel wie oben andeuten
spazierengehen, ohne sich zu stoßen:	wieder den Elefantengang mit den Füßen imitieren.

Wenn die Gruppe die Bewegungen gut beherrscht, kann sie das Lied auch im Kanon singen. Zunächst wird gemeinsam gesungen. Ist die Gruppe sehr musikalisch, kann sie es auch mit bis zu sechs Stimmen versuchen! Dann muß sie sich aber gleichzeitig auch sehr gut konzentrieren können: ein Konzentrationsspiel für den ganzen Körper – für Fortgeschrittene!